Christliche
Literatur-Verbreitung e. V.
Postfach 11 01 35 · 33661 Bielefeld

1. Auflage 2010

Postfach 11 01 35 • 33661 Bielefeld
www.clv.de

Satz und Umschlaggestaltung:
Lucian Binder, Marienheide
Druck und Bindung:
CPI – Ebner & Spiegel, Ulm

ISBN 978-3-86699-131-6

Hans Günter Kortmann

Beinahe Mord …

Das mit einigen Patronen gefüllte Magazin des Sturmgewehrs legte ich auf den Wohnzimmertisch – wohl wissend um die Provokation. Eine Schale mit Süßigkeiten und Salzstangen stellte ich dazu, sowie zwei Gläser und einige Getränke.

An diesem Abend erwartete ich Besuch von einem Mann, den ich vor einigen Wochen als Versicherungsvertreter kennengelernt hatte. Dabei hatte sich ein Gespräch entwickelt, das in meinem Leben einiges durcheinanderwirbelte. Wovon er aber nichts ahnen konnte …

Bei diesem Treffen wollte ich ihm aus meinem Leben und auch von meinen Problemen erzählen. Und ich wollte ihn einweihen in die entscheidende Rolle, die er selbst in diesem Drama gespielt hatte, ohne es zu wissen. Eine leichte Unsicherheit beschlich mich, ob es richtig war, das Magazin mit der Munition so offen auf dem Tisch liegen zu lassen – aber da klingelte es schon. Mit schnellen Schritten und klopfendem Herzen ging ich zur Tür und öffnete sie.

Mein Besuch war da.

»Hallo Jürgen, schön, dass du gekommen bist!«

Die Begrüßung war sehr herzlich, denn in den vergangenen Wochen waren wir uns nähergekommen. Im Wohnzimmer angekommen, nahm er in einem Sessel Platz. Bald entstand eine angeregte Unterhaltung.

»Kommst du klar? Hast du Hilfe für deine beiden Kinder?« Noch ehe ich auf seine Frage eingehen konnte, entdeckte er das Magazin und stand auf, um es vom Tisch zu nehmen. Er las die eingravierte Aufschrift »Heckler & Koch«, sah ziemlich irritiert auf und sagte: »Das ist das Magazin von einem Sturmgewehr – die Munition sieht echt aus!«

»Richtig«, bestätigte ich. »Es stammt von einem G3-Gewehr der Bundeswehr!«

»Du machst mir Angst, mach keine Dummheiten! Wie kommst du überhaupt in den Besitz dieser Sachen? Allein mit dem Besitz machst du dich strafbar!«

»Ja, Jürgen, ich weiß. In dem Zusammenhang möchte ich dir sagen, dass ich nicht mehr im Besitz dieser Waffe bin, und will dir erzählen, wie es dazu gekommen ist.«

Folgenschweres Andenken

Bremen war die Stadt, in der ich im September 1958 geboren wurde. In dieser Zeit bauten meine Eltern dort ein Wohn- und Geschäftshaus. Nach der Fertigstellung eröffneten sie ein Geschäft mit Tapeten und Bodenbelägen. Da meine Eltern keine weiteren Kinder bekamen, blieb ich ein Einzelkind. Ich erlebte eine recht glückliche Kindheit, meine Eltern waren finanziell unabhängig und so konnten wir uns im bescheidenen Umfang einiges leisten. Ein Wohnwagen wurde gekauft und regelmäßige Urlaubsfahrten in den Sommerferien unternommen. So waren wir als Familie recht zufrieden.

Wie es meistens so ist, wenn zusätzlich auch noch eine Großmutter mit unter einem Dach wohnt, entwickeln die Kinder ziemlich bald eine Strategie, die Autorität der Eltern mithilfe der Großeltern auszuhebeln. Diesen Erfolg konnte auch ich bis fast ins Erwachsenenalter verbuchen und daher wuchs ich als ein leicht verwöhntes Einzelkind auf.

Nach Abschluss der Schule begann ich in Bremen eine Berufsausbildung als Raumausstatter und 1978 konnte ich dann im elterlichen Betrieb meine Arbeit antreten. Doch bereits kurze Zeit später kam die Einberufung zur Bundeswehr. In der schönen Lüneburger Heide musste ich 15 Monate lang meinen Wehrdienst in einer Panzerbrigade absolvieren.

Eine Woche während dieser Zeit hatte für mein späteres Leben entscheidende Folgen: Die gesamte Brigade verbrachte eine Woche auf dem Übungsplatz wegen diverser Schießübungen. Im Pistolen-Schießen hatte ich absolut keinen Erfolg, aber ich hatte mir fest vorgenommen, beim Schießen mit dem G3-Sturmgewehr auf bewegliche Ziele diese Blamage wiedergutzumachen, zumal ich in der Vergangenheit oft bewiesen hatte, dass ich mit dieser Waffe einer der treffsichersten Schützen unserer Kompanie war.

Jeder Schütze hatte ein Magazin mit 20 Schuss zur Verfügung. Es kam darauf an, aus einem Abstand von etwa 50 bis 100 Metern möglichst viele Figuren, die sich von links nach rechts oder umgekehrt in verschiedenen Geschwindigkeiten bewegten, zu treffen. Es gelang mir an diesem Tag tatsächlich, das beste Tagesergebnis auf der Schießbahn zu erzielen, und so bekam ich dafür als Anerkennung drei Tage Sonderurlaub.

Ein Teil der Kameraden konnte an diesem Tag nicht an der Übung teilnehmen, weil sie noch andere Übungstermine wahrnehmen mussten. Die Folge war, dass die Munition, die für sie eingeplant war, übrig blieb. Weil der Kompaniechef sich nicht eingestehen wollte, dass er das alles schlecht geplant hatte, befahl er, dass die entsprechenden Schießbücher gefälscht und die übrige Munition einfach verballert wurde, damit bei einer Rückgabe keine dummen Fragen gestellt werden konnten.

Da ich meine Waffe schon gereinigt hatte, aber beim »Verballern« der Munition helfen sollte, ließ ich meine Patronen in den Seitentaschen meines Kampfanzugs verschwinden. Diese Patronen hatte ich dann – sozusagen als Andenken an meine Zeit bei der Bundeswehr – mit nach Hause gebracht.

Martina

Nach meiner Entlassung dauerte es nicht lange, bis ich jemand Interessantes kennenlernte – eine nette junge Frau namens Martina. Mit der Zeit verliebte ich mich in sie und wir heirateten im Jahr 1983. Nach einiger Zeit wurde Martina schwanger und neun Monate später waren wir dankbare Eltern von Zwillingen und freuten uns sehr über unsere beiden Töchter.

Doch schon etwa zwei Monate nach der Geburt der beiden Mädchen zeichnete sich eine beunruhigende Entwicklung ab: Martina nahm enorm an Gewicht zu. Sie meinte schließlich voller Verzweiflung:

»Was soll ich nur machen? Ich nehme fast jede Woche drei Kilo zu, ohne viel zu essen. Das kann es doch wohl nicht sein. Wenn das so weitergeht, passe ich in zwei Monaten nicht mehr durch die Tür!«

Mein wohlmeinender Rat war: »Geh doch mal ins Fitness-Studio, das wird dir bestimmt helfen.«

Woche für Woche ging sie daraufhin ins Fitness-Studio, allerdings ohne Erfolg. Damals meinte sie, dass selbst die Sachen aus der Schwangerschaft ihr inzwischen nicht mehr passen würden.

In der folgenden Zeit ging sie zu verschiedenen Ärzten, die aber alle keine eindeutige Diagnose treffen konnten. Nach einigen Monaten meinte unser Hausarzt: »Vielleicht ist Ihr Problem vom Kopf gesteuert, nach einer Schwangerschaft ist so etwas möglich. Schließlich haben Sie ja auch Zwillinge bekommen!«

Martina hatte Mühe, ihre Fassung nicht ganz zu verlieren, schlug mit der geballten Faust auf den Tisch und rief: »Nun reicht es mir allmählich. Sie sind Arzt, unternehmen Sie endlich etwas; schicken Sie mich zu einem Radiologen oder sonst wohin!«

Darauf meinte der Arzt nachdenklich: »Das mit dem Radiologen wäre tatsächlich eine Möglichkeit. In Bremen ist ein guter Spezialist, bei dem könnte man eine Untersuchung machen lassen.«

In der folgenden Woche suchte Martina den Spezialisten auf, der ihr am Ende der Behandlung dringend riet:

»Fahren Sie sofort nach Hause und machen Sie sich für einen längeren Krankenhaus-Aufenthalt bereit. Ich benachrichtige Ihren Hausarzt, dass er die Einweisung ins Krankenhaus LDW (»Links der Weser«) fertig macht. Ich kann nur so viel sagen, dass Ihr Zustand sehr ernst ist, aber dort im Krankenhaus wird man Ihnen sicher helfen können!«

Dunkle Wolken

Als ich mittags nach Hause kam, stellte ich mit Schrecken fest, dass Martina ihre Taschen schon gepackt hatte. Ich sah ihr an, dass da etwas Schlimmes auf uns zukommen würde, denn in ihrem Gesicht war eine tiefe Besorgnis zu erkennen. Sie schilderte mir, was der Radiologe ihr gesagt hatte.

Das traf mich natürlich zutiefst, denn damit hatte ich überhaupt nicht gerechnet. Ich hatte mir vorgestellt, dass der Arzt nach der Diagnose einige Tabletten verschreiben würde und bald alles wieder seinen gewohnten Gang ginge.

Wenige Sekunden später klingelte das Telefon und die Hausarztpraxis meldete sich, um mitzuteilen, dass die Überweisungspapiere bereitlägen. Es wurde mir gesagt, ich solle die Papiere für die Klinik persönlich abholen und einen Gesprächstermin mit dem Arzt abstimmen. Er müsse sich dringend mit mir unterhalten.

Mein Herz begann heftig zu klopfen, ich wurde sehr unruhig und spürte, dass dunkle Wolken über uns allen aufzogen, die unser ganzes Leben einhüllen würden.

Nachdem ich Martina ins Krankenhaus gefahren hatte und die Aufnahmeformalitäten abgeschlossen waren, wurde sie in die Chirurgische Abteilung aufgenommen.

Auf dem Heimweg versuchte ich meine Unruhe zu verdrängen, aber der Gesprächstermin beim Hausarzt lag mir schwer im Magen. Zwei Stunden später saß ich bei ihm im Behandlungsraum. Die letzten Patienten und die Arzthelferinnen hatten die Praxis schon verlassen, es war 19:30 Uhr.

»So«, meinte er, »jetzt können wir uns in Ruhe über Ihre Frau unterhalten.« Er öffnete eine Schranktür und holte zwei Cognac-Gläser und eine Flasche Cognac heraus.

»Möchten Sie auch ein Glas?«

»Nein danke, ich möchte nichts.«

»Sie werden nachher einen gebrauchen können«, meinte er und schenkte mir trotzdem ein Glas ein.

»Ich kenne Ihre Frau von Kindheit an, auch Ihre Schwiegereltern. Das, was ich Ihnen sagen muss, fällt mir wirklich schwer: Ihre Frau ist krank, sehr schwer krank! Ich kann Ihnen nur den dringenden Rat geben, von einer medizinischen Behandlung Abstand zu nehmen. Sie hat Krebs im fortgeschrittenen Stadium, die Lebenserwartung beträgt nur noch ein bis zwei Wochen. Der Professor in der Chirurgischen Abteilung ist der gleichen Ansicht.«

Ich fühlte mich wie vor den Kopf gestoßen und in mir stiegen Wut und Verzweiflung auf. Wut, weil dieser Mann meiner Meinung nach vor einigen Wochen die Krankheit von Martina nicht recht ernst genommen hatte. Verzweiflung, weil wir uns kampflos diesem Schicksal ergeben sollten.

Ich stand in Gefahr, die Kontrolle über meine Sinne zu verlieren, und mit fast zugeschnürter Kehle stammelte ich:

»Das kann doch nicht sein. Vor einigen Tagen haben Sie doch etwas ganz anderes gesagt – es sei ein psychisches Problem. Ich kann es nicht fassen!«

»Es ist ein sehr schwerer Fall. Glauben Sie mir, zumal Ihre Frau noch jung und Mutter von Zwillingen ist. Jeder Mediziner wird bemüht sein, Ihrer Frau zu helfen und das Blatt zu wenden. Aber das ist vollkommen ausgeschlossen. Operativ ist hier nichts mehr zu machen und Chemotherapie und Bestrahlung wird auch nicht helfen. Machen Sie sich mit dem Gedanken vertraut, dass es nur noch Sinn macht, schmerzstillende Maßnahmen zu ergreifen, um bis zum Schluss einen einigermaßen guten Lebensstandard zu erhalten.«

»Niemals!«, erwiderte ich, »niemals werde ich mich damit abfinden. Ich werde morgen mit dem Professor in der Chirurgie sprechen und wir werden alle Möglichkeiten ausschöpfen und nichts unversucht lassen, damit Martina wieder gesund wird. Ich hoffe auf ein Wunder.«

Der Arzt verabschiedete mich mit der Zusicherung, dass er zu jeder Zeit für mich da sei, wenn Hilfe und Rat gebraucht würden.

Mit viel Mühe gelang es uns, eine Behandlungsmöglichkeit in der Abteilung von Professor Pichelmayr an der Medizinischen Hochschule in Hannover zu bekommen. Dieser Arzt war der erste Mediziner in Deutschland, der eine Lebertransplantation durchgeführt hatte. Er nahm sich ganz persönlich unserer Sache an, forderte Kollegen aus ganz Deutschland an und machte uns Hoffnung auf einen guten Ausgang.

Die folgende Operation dauerte fast acht Stunden. Alle Tumore wurden entfernt, bis auf zwei Metastasen in der Lunge, die operativ nicht erreichbar waren. Die Blutverluste während der Operation waren sehr hoch und weitere Probleme stellten den Erfolg der Operation immer wieder infrage. Martinas Herz blieb wiederholt stehen und die Ärzte mussten sie oft reanimieren. Aber schließlich stabilisierte sich ihr Zustand, sodass sie auf die Intensivstation verlegt werden konnte.

Nach der geglückten Operation, als Martina wieder sprechen konnte, versuchte sie mir zu erklären, was sie in der Zeit erlebt hatte, als sie während der Operation in diesem kritischen Zustand zwischen Leben und Tod war. Sie sagte, es sei ein schönes Erlebnis gewesen. Leicht und unbeschwert hätte sie sich gefühlt und ihren Körper auf dem Tisch liegen sehen, von den Ärzten umgeben. Eine Stimme habe aber dann zu ihr gesagt: »Geh schnell zurück, beeile dich, deine Zeit ist noch nicht da!«

Während ich meinte, es sei sicher nur ein Traum gewesen, hielt sie ihre Erfahrung für real. Auch ein Arzt, der schon oft mit Patienten gesprochen hatte, die ähnliche Situationen erlebten, meinte zu mir, dass es Grenzbereiche gebe, die man wissenschaftlich nicht beweisen, aber auch nicht widerlegen könne. Er würde das schon für möglich halten.

Hoffnung

Für mich war das ein neuer Gedanke und ich begann mir in der folgenden Zeit Bücher zu diesen Themen auszuleihen. Das schaffte mir in den sorgenvollen und schlaflosen Nächten etwas Ablenkung.

Durch das Lesen der Bücher von Elisabeth Kübler-Ross und weiteren Büchern von esoterischen Autoren wurde mir klar, dass unsere materielle Welt von einer weiteren Dimension umgeben oder durchdrungen sein muss, die nicht mit Händen greifbar ist. Auch durch das Lesen verschiedener Bücher von Hahnemann und Rudolf Steiner wie auch durch

Bücher über den Zen-Buddhismus schien es mir möglich zu sein, dass man die materielle Welt durch die geistige Dimension beeinflussen kann. So eignete ich mir in dieser Zeit der einsamen Nächte Kenntnisse über diese fragwürdigen alternativen Geisteswissenschaften an.

Sollte also die Schulmedizin einmal versagen, konnte ich diesen Trumpf aus dem Ärmel ziehen.

Während Martina langsam genas, versuchte ich so oft wie möglich bei ihr zu sein. Wir freuten uns über jeden Fortschritt, der zu erkennen war, und während einer Chefarzt-Visite sagte man zu mir:

»Das scheinbar Unmögliche ist eingetreten. Wir können es selber nicht ganz glauben, dass ihre Frau diese schwere Operation so gut überstanden hat. Wir hoffen, dass auch noch die zwei Metastasen durch Chemotherapien eingekapselt werden.«

Etwa in der Zeit zwischen der zweiten und dritten Chemotherapie hatte ich während eines Aufenthalts in der MHH mit einem jungen Assistenzarzt ein Gespräch betreffs der möglichen Krankheitsursache. Er sagte, dass jeder Krankheitsfall, der hier in der MHH behandelt werde, für die Ursachenforschung und Wissenschaft wichtig sei. Es werde nach Ursachen geforscht, um daraus Studien zur veröffentlichen, damit Krankheiten im Vorfeld vermieden werden können.

Auf meine Frage, ob er oder seine Kollegen schon die Ursache für Martinas Erkrankung erkannt hätten, meinte er, sie würden vermuten, dass sie während der Schwangerschaft ein Medikament auf Hormonbasis bekommen habe, welches die Geburtswehen zwei Monate vor der Entbindung unterdrücken sollte. Nach der Geburt sei es aber wichtig, dass dieses Medikament langsam abgesetzt wird. Darüber seien aber im Mutterpass keinerlei Vermerke zu finden. Daher gingen sie von der Vermutung aus, dass dieses Medikament sofort nach der Entbindung komplett abgesetzt wurde. Das würde eine mögliche Erklärung dafür sein, dass die Nebennierenrinde gestört wurde. In der Folge hätten sich daraus der Tumor und dann die Metastasen gebildet.

Dieses Gespräch brannte sich tief in mein Gedächtnis ein und ich entwickelte immer mehr Rachegefühle gegen den Arzt, der unbeabsichtigt, aber leichtfertig diesen Fehler begangen hatte.

Der Schock

Wieder einmal waren wir auf dem Weg zur MHH nach Hannover. Martina hatte sich von der letzten Chemotherapie vor 10 Tagen kaum richtig erholt und die Blutwerte, die der Hausarzt durch das Labor ermitteln ließ, deuteten darauf hin, dass es eigentlich unmöglich sei, schon jetzt mit der Weiterbehandlung zu beginnen. Deswegen waren wir gespannt, was uns diesmal in der MHH erwarten würde.

Dort angekommen meldeten wir uns wieder auf der Station, ein Zimmer wurde uns angewiesen, alle Formalitäten erledigt – eine gewisse Routine nach so vielen Monaten der Behandlung. Inzwischen kannten wir das gesamte Pflegepersonal und auch die meisten Ärzte in der Onkologischen Abteilung. So hatte sich in den vergangenen Monaten ein fast freundschaftliches Verhältnis entwickelt.

Nach einer Zeit kam der behandelnde Arzt auf unser Zimmer, um sich mit uns über den weiteren Verlauf der Behandlung abzustimmen. Er meinte, er hätte die Unterlagen des Hausarztes schon durchgearbeitet und hielte eine erneute CT-Untersuchung für nötig, um abschätzen zu können, ob noch weitere Therapien sinnvoll seien.

Noch am selben Tag wurden auch Blutuntersuchungen durchgeführt. Einige Stunden später kam der Arzt wieder auf das Zimmer. Wir spürten sofort, dass er einen bedrückten Eindruck machte. Schließlich sagte er, dass es gut sei, dass wir noch nicht nach Hause gefahren seien und er sich so mit uns beiden über alles Weitere unterhalten könnte.

Die Ergebnisse der CT-Untersuchung hätten ergeben, dass die letzten Chemotherapien nichts mehr bewirkt hätten. Der körperliche Zustand habe sich in den Wochen nach den Therapien sehr verschlechtert. Neue Metastasen wären in der Leber, an der Wirbelsäule und auch im Kopf zu erkennen. Weitere Chemotherapien seien sinnlos und als Ärzte der MHH müssten sie eingestehen, medizinisch keine Möglichkeiten mehr zu haben, um zu helfen. Er könne nur noch zwei Alternativen anbieten: Einmal, bis auf Weiteres in dieser Klinik zu bleiben, wobei man keine Behandlung anbieten könne, sondern nur Maßnahmen zur Schmerzlinderung ergreifen würde.

Die zweite Möglichkeit sei, in ein Krankenhaus in Nähe der Heimat zu gehen, wo diese Maßnahmen ebenso gut durchgeführt werden könnten. Er erinnerte uns daran, dass wir uns in einer Spezialklinik befänden und wenn man ein Bett frei mache, könne man dadurch einem anderen Patienten vielleicht helfen. Er wolle uns noch eine halbe Stunde allein lassen, damit wir uns in Ruhe überlegen könnten, wofür wir uns entscheiden wollten.

Wir entschieden uns für die zweite Variante und fuhren noch am selben Tag zurück in die heimatnahe Klinik nach Bassum. Während der Fahrt malten wir uns aus, wie der Krankheitsverlauf sich entwickeln könnte. Einen bitteren Vorgeschmack hatte Martina schon vor einigen Wochen bekommen, als sie das erste Mal Schmerzmittel einnehmen musste. Sie meinte unterwegs:

»Wenn die Schmerzen größer werden, dann hilf mir, dass ich dann endlich sterben kann. Sorge bitte dafür, dass ich nicht mehr aufwache. Vor dem Tod habe ich seit meiner Operation keine Angst mehr.«

Ihre realistische Einschätzung der Situation schockierte und beunruhigte mich sehr und ich fühlte, dass ich dieser Sache nicht mehr gewachsen war und den Boden unter den Füßen verlor.

Die Aufnahme ins Krankenhaus erfolgte noch am selben Tag. Wir waren offensichtlich von dem Arzt aus Hannover angemeldet worden, der bereits den zuständigen Arzt über den Stand der Krankheit informiert hatte. Wir besprachen alle Dinge und Eventualitäten, die uns in der nächsten Zeit bevorstanden. Dabei erwähnten wir auch den Wunsch, dass Martina gerne noch einige Tage, solange es möglich war, zu Hause bei den Kindern sein wollte.

Wie lange das sein konnte, wusste keiner von uns zu sagen. Aber ein Versuch war es alle Male wert und so wurde sie nach zwei Tagen aus der Klinik entlassen. Wir bekamen einen kleinen Vorrat an Schmerz-Medikamenten mit, der für Notfälle reichen sollte.

Es gab Tage und Nächte, die verliefen so ruhig und unauffällig, dass in uns die Hoffnung aufkeimte, alles könnte wieder gut werden. Aber dann kamen Tage, die extrem schlimm und grausam waren. Es tat mir sehr weh, hilflos danebenzustehen und nichts anderes tun zu können, als Schmerz-Medikamente weiterzugeben oder den Notarzt anzurufen. Auch die vermeintlichen Erkenntnisse, die ich durch die Esoterik bekommen hatte, halfen nicht.

Manchmal kam mir der Gedanke, ob es vielleicht doch einen Gott gäbe – den Gott der Bibel, einen Gott, der helfen kann. Aber wenn es ihn gab, warum half er dann einer Mutter nicht, die alles geben würde, um für ihre Kinder da zu sein? Ein solcher Gott schien mir nicht gerecht und verdiente nicht das Prädikat, ein »Gott der Liebe« zu sein.

Hass

In diesen Tagen fühlte ich mich oft überfordert. Während abends die Kinder schliefen und Martinas Schmerzen durch Medikamente unterdrückt waren, begann ich eine halbe Flasche Whisky mit Cola zu trinken, um einfach auf diese Weise der Welt der Sorgen und Probleme zu entfliehen. Oftmals sah ich mir auch Videofilme an, die viel mit brutaler Gewalt zu tun hatten. Dabei wurden meine Hassgefühle dem Arzt gegenüber – der damals scheinbar versagt hatte – so groß, dass ich schließlich beschloss, ihn dafür zur Rechenschaft zu ziehen.

Gerichtlich hätte ich keine Chance, sagte ich mir – kein Arzt würde mich dabei unterstützen. Für mich wurde immer mehr klar: Wenn ein Arzt solche Fehler aus Oberflächlichkeit oder Gleichgültigkeit begeht, sollte man verhindern, dass so etwas wieder passiert. Das viele Leid, das durch diese Oberflächlichkeit entstanden war, schien mir je länger je mehr eine Rechtfertigung, diesen Menschen zu bestrafen. Ja, nach einigen Tagen sah ich es als meine besondere Mission an, diesen Arzt zu erschießen.

Ich erinnerte mich an die Bundeswehrzeit zurück, an die Schießübungen, die mir damals den Sonderurlaub einbrachten, und an die Munition, die ich unerlaubterweise mitnahm. Nur die Waffe fehlte noch. Aber auch da gab es eine Möglichkeit, denn ich hatte Beziehungen zu einem Soldaten der Waffenmeisterei und konnte auf diesem Weg in den Besitz einer Waffe kommen. Natürlich konnte das nur illegal geschehen und die Aktion kostete mich auch 2.000 DM.

Während dieser Zeit verschlechterte sich das Krankheitsbild Martinas immer mehr und gleichzeitig wuchsen meine Hilflosigkeit und meine Wut. Tagsüber ging ich zur Arbeit, um für einige Stunden Ablenkung zu bekommen.

Ein lieber Mitarbeiter von mir litt innerlich sehr mit und versuchte mich irgendwie zu motivieren und mir zu helfen. Er meinte, ein Onkel von ihm sei auch an Krebs erkrankt und fände in der Bibel Tag für Tag Trost und Kraft, sein Leid zu ertragen. Ich erwiderte ihm, dass ich mit Gott fertig sei und an einen solch grausamen Gott nicht glauben könne.

Die Rachegefühle in mir verstärkten sich und gewannen immer mehr Raum. Manchmal war es so, als würde eine innere Stimme mir zurufen:

»Du Feigling, du kannst so gut schießen – aber das Schwein, das deine Familie zerstört, lebt noch!«

An einem Samstag meldete sich Besuch an. Ein junges Ehepaar aus Martinas Verwandtschaft hatte Kontakt zu uns aufgenommen und sich immer wieder nach dem Zustand Martinas erkundigt. Jetzt sagte die Frau zu mir: »Mach dir wegen Martina keine Sorgen. Wir wissen, dass sie bald stirbt. Sei nicht traurig deswegen. Wir werden nach ihrem Tod kommen und ihren Geist zurückholen, wir haben die Macht dazu. Sie wird dann immer in deiner Nähe sein. Ganz bestimmt!«

Ihre Worte verunsicherten mich. Dass Martina bald sterben würde, war mir schon klar, aber die Vorstellung, ihren Geist zurückzuholen, erweckte sowohl Misstrauen als auch Hoffnung in mir. Später erfuhr ich, dass die Frau ein Medium war. Sie hatte im Urlaub auf einem Bauernhof an okkulten Sitzungen teilgenommen, wodurch sie Neugierde entwickelte, um tiefer in die Materie einzudringen, und wurde schließlich als Medium eingesetzt, um Totengeister zu beschwören.

Der Plan

Mein G3-Sturmgewehr war in Einzelteile von maximal 70 cm Länge zerlegbar. So passte es gut in eine Adidas-Tasche. Das Zerlegen und Zusammenbauen wurde bei der Bundeswehr sehr oft trainiert. Am Tatort schnell zusammengebaut, war es die perfekte Waffe – mit guter Durchschlagskraft und Treffsicherheit. So blieb schließlich nur noch die Frage offen, wo und an welchem Tag ich den Plan in die Tat umsetzen wollte. Ich war mir sicher, dass ich als guter Schütze mein Ziel nicht verfehlen würde. Sollte es aber aus irgendeinem Grund nicht klappen, wollte ich mich selbst erschießen. Der Hass hatte mich mittlerweile voll im Griff und machte mich blind für alle möglichen und traurigen Folgen.

Dieser Hass auf den Arzt, den ich anklagte, durch seine Nachlässigkeit diese furchtbare Krankheit ausgelöst zu haben, beschäftigte so sehr meine Fantasie, dass ich einen exakten Plan entwarf, um diesen Mann zu töten. Ich wusste, in welchem Krankenhaus er arbeitete, besorgte mir auf Umwegen seinen Dienstplan und erfuhr so, dass er abends zwischen 19:30 Uhr und 20:00 Uhr nach Hause fuhr.

Das große Krankenhausgelände und die vielen Parkmöglichkeiten für Besucher und Ärzte waren kein gutes Gelände für meinen Plan. Auch die Rückzugsmöglichkeiten waren dort sehr ungünstig, es gab nur einen Zufahrtsweg und einen Abfahrtsweg sowie einen Fußweg und einen Radweg. Am Tag ungesehen zu entkommen, war fast unmöglich. Also schied diese Variante aus.

Bei nächster Gelegenheit machte ich die Wohn-Adresse des Arztes ausfindig. Noch am selben Tag schaute ich mir sein Haus und die Umgebung an. Er wohnte in einem Einfamilienhaus am Ortsrand, an einer Hauptdurchgangsstraße, wo alle paar Sekunden ein Fahrzeug vorbeifuhr. Rechts neben dem Grundstück war ein kleiner Bach oder Wassergraben sowie ein Grünstreifen von 30 Metern Breite. Hier standen auch einige Bäume sowie dichtes Gebüsch – und das sah Erfolg versprechend aus, zumal in der Nähe ein Fuß- und Radweg war, der in drei verschiedene Richtungen gabelte. Das Gebüsch war so dicht gewachsen, dass eine dahinter befindliche Person weder von dem Weg noch von dem Grundstück eingesehen werden konnte.

Ich hielt mich dort eine Zeit lang auf und überlegte, wie mein Plan ablaufen sollte. In meinen Gedanken fuhr der Arzt auf das Grundstück, danach verließ er sein Auto und ging in Richtung Haustür. Auf dem Weg dorthin hatte ich nur zu seiner rechten Körperhälfte seitlich Sichtkontakt, das war nicht besonders günstig. Ich müsste also etwa auf halbem Weg zwischen Fahrzeug und Haus einen einzigen Schuss abgeben, etwa auf die Scheiben seines Wagens, damit er mir in einer Reflexbewegung einen Moment sein Gesicht zuwenden würde, um ein sicheres Ziel zu bieten. Ich dachte mir: »Das könnte so funktionieren.«

Auch die Rückzugsmöglichkeiten waren recht gut. Die Waffe zerlegen und in der Tasche verstauen würde nicht länger als 45 Sekunden dauern – dann schnell und unauffällig den Tatort über den Fußweg verlassen. Bis die Nachbarn begriffen hätten, was passiert war, und die Polizei mit der Fahndung begann, wäre ich sicherlich entkommen.

Das war der Plan ...

Der Tag der Vergeltung

Wieder war eine schreckliche Nacht vorbei. Immer häufiger wurde Martina von Schmerz-Attacken gepeinigt, während ich von meinen Plänen geplagt wurde, den Mann zu erschießen, der uns das meiner Meinung nach alles eingebrockt hatte. Was hielt mich bisher zurück? War es Unsicherheit, war es Angst oder war es einfach nur Feigheit?

An diesem Morgen nahm ich mir ganz fest vor, die »Vergeltung« nicht noch länger aufzuschieben – sie sollte am selben Abend geschehen. Während der Mittagspause, als ich eine Stunde zu Hause verbringen konnte, bereitete ich alles vor und steckte noch zwei gefüllte Magazine mit Munition in die Tasche. Nach der Mittagspause hatte ich noch einige Kunden-Termine und wollte dann gegen 17:00 Uhr zurück sein und um 19:00 Uhr endgültig zur Tat schreiten.

Doch als ich um 17:00 Uhr zurück war, klingelte es an der Tür. Dort stand ein Versicherungsvertreter. Er sagte, er wolle mich gerne beraten, da ich doch vor einiger Zeit eine Versicherung abgeschlossen hätte, bei der es inzwischen einige Änderungsmöglichkeiten gebe.

Eine dumme Geschichte! Ich wollte ihn gleich an der Tür abwimmeln, da ich mit meinen Gedanken nun wirklich ganz woanders war. Aber irgendetwas veranlasste mich, ihn eintreten zu lassen.

Spürte dieser Mann etwas von den finsteren Gedanken, die in meinem Kopf herumschwirrten? Jedenfalls sprachen wir bald nicht mehr über Versicherungen, sondern er fragte mich ziemlich direkt, ob irgendwelche anderen Probleme in meinem Leben zu klären wären. Etwas verwirrt über diese plötzliche und unerwartete Frage vertraute ich ihm an, dass meine Frau todkrank sei und bald sterben würde.

Er ging mit mir ins Wohnzimmer, sah dort meine Frau und erkannte gleich die notvolle Situation. Auch sie erklärte ihm, dass sie nur noch kurze Zeit zu leben hätte. Meine Frau war gerade erst 24 Jahre alt und unsere Mädchen noch keine zwei Jahre.

Es verschlug ihm fast die Sprache; denn im Angesicht des Todes hören die meisten Diskussionen auf. Darauf schlug er wortlos seine Versicherungsmappe zu und sagte mir, für solche Fälle hätte er noch eine andere Tasche im Auto, und ging gleich los, um sie zu holen. Mir war völlig schleierhaft, was nun kommen würde.

Er kam sehr rasch zurück, holte aus seiner Tasche eine Bibel und einige kleine Karten mit verschiedenen Bibelsprüchen. Ich gab ihm mit Nachdruck zu verstehen, dass er gar nicht erst anfangen müsse, mich für das Christentum zu begeistern, denn mit diesem Gott, der vorgibt, der »liebe Gott« zu sein, sei ich längst fertig. Oder hätte er eine Antwort darauf, warum Gott es zulassen würde, dass in der Welt so viel Not und Leid herrscht? Und warum dieser »liebe Gott« dazu schweigt? Nein, an einen solchen Gott wollte ich auf keinen Fall glauben!

Doch er ließ sich nicht beirren und begann einige Bibelstellen zu zitieren wie: »Da ist keiner, der Gutes tut, auch nicht einer, alle sind abgewichen ...« Sein Kommentar dazu lautete:

»Wenn das nicht stimmen würde, müsste Ihr Name darin stehen, dass Sie der Einzige sind, der von Gott nicht abgewichen ist!«

»Das ist mir völlig egal. Ich habe mir nichts vorzuwerfen, war meiner Frau immer ein treuer Ehemann, gehe gewissenhaft meiner Arbeit nach. Ich versuche, ein guter Vater zu sein, und nun wollen Sie mir einreden, dass ich ein verlorener Sünder bin? Ich finde, dass Sie da eine sehr anmaßende Religion vertreten!«

Meine Wut und mein Frust kochten. Ich empfand dieses Gespräch als äußerst lästig und auch als eine Frechheit, mir in einer solchen Situation eine dermaßen arrogante Religion vorzustellen.

Das weitere Gespräch kam mir wie eine Achterbahn vor. Einigen Argumenten konnte ich nichts entgegensetzen und außerdem wurde ich sehr nervös, wenn ich auf die Uhr schaute. Die Zeit verstrich und mein Plan schien in Verzug zu geraten. Ich wurde immer wütender und unruhiger und sagte schließlich, dass ich noch wichtige Termine hätte und das Gespräch beenden wolle. Als er endlich aufstand, um zu gehen, verabschiedete er sich mit den Worten:

»Bedenken Sie bitte, dass seit dem Sündenfall jeder Mensch zu einem Mord fähig ist!« Und beim Hinausgehen fügte er noch hinzu, indem er mir fest in die Augen schaute: »Und ich sage Ihnen, auch Sie sind zu einem Mord fähig!«

Das saß! Ich war wie vor den Kopf gestoßen!

Nachdem er endlich gegangen war, fühlte ich mich wie ein kleiner Junge, der von seinem Vater beim Stehlen seiner Geldbörse erwischt wurde. Die Worte dieses Mannes ließen mir keine Ruhe – ich fühlte mich ertappt und überführt. Die Mordpläne waren plötzlich wie ausgelöscht.

Vergebung macht frei!

Während der Vertreter in seinem Auto davonfuhr, ging ich benommen die Treppe hoch in mein Zimmer und suchte nach meiner Luther-Bibel, die ich vor vielen Jahren als Konfirmand bekommen hatte. Allerdings wusste ich nicht, wo ich sie aufschlagen sollte. Vorne, hinten – oder besser in der Mitte? Ich musste mir eingestehen, dass ich viel zu wenig über den Inhalt der Bibel wusste, um eine Entscheidung treffen zu können.

Während der Zeit meiner Konfirmation hatte ich einmal mit Interesse das Johannes-Evangelium gelesen. Es war damals für mich eine spannende Geschichte über Jesus, den Sohn Gottes. Aber der Ausgang dieser Geschichte war für mich ein Beweis dafür, dass dieser Jesus nicht der Sohn Gottes war. Bestenfalls ein außergewöhnlich guter Mensch, mit hervorragenden Eigenschaften.

Die unfassbare Tatsache, dass Gott die Kreuzigung seines vermeintlichen Sohnes zuließ, war für mich zu jener Zeit der Grund, mit dem Lesen der Bibel aufzuhören. Sollte ich jetzt vielleicht noch einmal aufmerksam dieses Evangelium lesen?

So begann ich in der Bibel zu blättern, um das Johannes-Evangelium zu finden. Ich stoppte, als ich beim Blättern der Seiten auf einmal auf folgenden Text aufmerksam wurde:

»... richtet nicht, und ihr werdet nicht gerichtet werden; urteilt nicht, und ihr werdet nicht verurteilt werden. Lasst los, und ihr werdet losgelassen werden« (Lukas 6,37).

Diese Worte begriff ich sofort, denn sie spiegelten meine inneren Probleme wider. Den Arzt, welchem dieser unglückliche Fehler unterlaufen war, hatte ich in meinem Herzen bereits zum Tod verurteilt – und ich selbst wollte das Urteil vollstrecken.

Ich war in Hass und Mordplänen gefangen und nur eine Vergebung, die aus der Tiefe meines Herzens kam, würde mich in die Freiheit führen. Immer wieder habe ich diese Worte gelesen und darüber nachgedacht. Schließlich begannen sie in meiner Seele wie eine wunderbare Medizin zu wirken.

Beeindruckt von diesen Aussagen fand ich schließlich das Johannes-Evangelium und die Worte aus Johannes 8,32-36 sprangen mir in die Augen:

»... und ihr werdet die Wahrheit erkennen und die Wahrheit wird euch frei machen ... wer die Sünde tut, der ist der Sünde Knecht ... wenn euch nun der Sohn frei macht, so seid ihr wirklich frei.«

Diese Worte zündeten ein Licht in meiner Seele an. Eigenartigerweise verschwanden nun auch meine Hassgefühle, und da ich meinen ursprünglichen Plan nun endgültig verworfen hatte, nahm ich meine Waffe und warf sie in die Weser, bevor sie noch in unbefugte Hände geraten konnte. Da der Privatbesitz einer solchen Waffe in Deutschland verboten ist, fiel es mir nicht so schwer, mich von ihr zu trennen.

Eine neue Kraftquelle

Von nun an wurde die Bibel für mich eine Quelle, aus der ich Kraft tanken konnte. Die täglichen Probleme wurden dadurch zwar nicht weniger, aber meine Ohnmacht und Hilflosigkeit Martinas Krankheit gegenüber wurden durch das Lesen der Bibel erträglicher.

Ich staunte immer wieder neu, welch eine Kraft und Schönheit von diesen einfachen Worten der Bibel ausgingen. Beim Lesen wurde mir deutlicher, welch ein gewaltiger Unterschied zwischen der Bibel und allen anderen Büchern, die ich bisher gelesen hatte, bestand. In keinem anderen Buch konnte ich Kraft für die täglichen Anforderungen des Lebens in meiner Situation finden. Allein die Tatsache, dass ich frei wurde von dem zwanghaften Drang, diesen Arzt zu töten, verdankte ich der Bibel.

So gewann ich immer mehr Vertrauen zu dem Autor dieses Buches, den ich in meinem bisherigen Leben ignoriert hatte. Mein ganzes unlogisches Verhalten wurde mir bewusst: nicht an Gott zu glauben, aber ihn dennoch auf die Anklagebank zu setzen für das Schicksal, das Martina und ich erleiden mussten.

Sterbehilfe

Unser Hausarzt, der uns in den vergangenen Wochen treu und zuverlässig geholfen hatte, Martina zu betreuen, machte Urlaub. In den beiden Wochen kam ein junger Arzt als Vertretung zu uns, der sehr motiviert war. Er konnte Martinas Schmerzen durch eine hohe Dosierung gut unter Kontrolle bekommen. Aber eines Nachts bekam sie unverhofft wieder starke, krampfartige Schmerzen an der Wirbelsäule. Der Arzt kam sofort und schob eine weitere Injektion nach, die etwas Linderung verschaffte, sodass sie einschlafen konnte. Bei dieser Gelegenheit fragte mich der Arzt, ob ich mir schon einmal Gedanken in Bezug auf Sterbehilfe gemacht hätte, denn in diesem Fall wäre das sicher ein Segen für die Patientin. Ich erklärte ihm, dass Martina bereits mit mir darüber gesprochen und mich gebeten hatte, dafür zu sorgen, dass sie nicht mehr aus dem Schlaf aufwachen würde.

Er meinte, dass dieser Moment jetzt gekommen sei. Mit meiner Einwilligung spritzte er dann ein sehr starkes Beruhigungsmittel, das durch die Wechselwirkung mit dem Schmerzmedikament zur Folge haben sollte, dass ihre Lunge verkrampft und Martina schmerzlos ersticken würde. Doch zu unserer Verwunderung passierte nichts. Sie schlief ganz ruhig weiter, als wäre nichts geschehen. Der Zeitpunkt ihres Todes war noch nicht gekommen.

Tage später klingelte um 6:45 Uhr wie üblich der Wecker. Martina schlief noch neben mir, nachdem der Notarzt in der Nacht wieder ein starkes Medikament gegen die Schmerzen gespritzt hatte. Als ich mit den Frühstücksvorbereitungen fertig war, hörte ich einige Geräusche aus dem Schlafzimmer. Martina war wach geworden und rief nach mir. Sie sagte, dass es so nicht mehr weitergehen könne. Die Schmerzmittel würden nicht mehr wirken und nun wäre die Zeit für die Krankenhaus-Einweisung gekommen, die der Hausarzt für diesen Fall empfohlen hatte.

»Bevor du gleich zur Arbeit gehst, hole doch bitte die beiden Mädchen und lege sie zu mir ins Bett, damit ich von ihnen Abschied nehmen kann.«

»Abschied nehmen?«, fragte ich total entsetzt.

»Ja, ich weiß, die Schmerzen werden von Tag zu Tag schlimmer, wir schaffen das hier nicht mehr. Wenn ich in die Klinik muss, wird es für mich kein Zurück mehr geben. Wir brauchen uns nichts vormachen. Also, bevor du gehst, hol mir bitte die Kinder!«

Diesen Wunsch konnte ich ihr natürlich nicht abschlagen. So ging ich schweren Herzens ins Kinderzimmer, holte die beiden schlafenden Mädchen aus ihren Betten und legte sie behutsam zu Martina ins Bett.

Am frühen Abend desselben Tages setzten die Schmerzschübe wieder ein – jedoch eher noch heftiger. Ich rief unseren Hausarzt an, der dann auch sehr schnell kam, um ihr durch eine erneute Injektion Linderung zu verschaffen. Keine zwei Stunden später ließ die Wirkung allerdings schon wieder nach, offenbar entwickelten diese Schmerzen eine neue Dimension der Qual.

Als der Hausarzt wieder kommen musste, meinte er, dass er nicht damit gerechnet habe, dass die Wirkung so schnell nachlasse. Er war der Überzeugung, dass es jetzt an der Zeit sei, eine sofortige Einweisung in die Klinik vorzunehmen. Dort gebe es bessere Möglichkeiten, die Schmerzen zu lindern. Dem stimmten wir beide zu, denn wir sahen, wie ohnmächtig er sich dieser Problematik gegenüber fühlte.

Eine Stunde später war der Krankenwagen da, um sie in die Klinik zu bringen. Die beiden Rettungssanitäter legten Martina auf eine Trage und machten sich auf den Weg vom Schlafzimmer durch den Flur Richtung Krankenwagen. Von den Geräuschen wach geworden, kamen plötzlich die beiden Mädchen aus dem Kinderzimmer, sahen ihre Mutter auf der Trage liegen und wollten zu ihr.

Als Martina ihre beiden Mädchen sah, drehte sie sich um, als wollte sie nichts mehr mit den Kindern zu tun haben. Der Weg bis zum Krankenwagen schien unendlich lang zu sein und ihre Blicke richteten sich teilnahmslos gen Himmel – die ganze Zeit aber liefen ihr unaufhörlich die Tränen über die Wangen ...

Der Anruf

Bereits zwei Nächte befand sich Martina schon in der Klinik und tatsächlich wurden die Schmerzen dort durch die Medikamente erträglicher. Gab es doch noch einen Hoffnungsschimmer, ein Happy End?

Auch in meiner Seele zeichnete sich eine Veränderung ab. Dadurch, dass ich anderen vergeben hatte, fühlte auch ich Erleichterung. Eine solche Erfahrung hatte ich in meinem Leben bisher noch nicht gemacht.

Damals bildete ich mir ein, dass diese positive Haltung sich auch irgendwie auf den Gesundheitszustand Martinas auswirken könnte. Es wuchs eine Stimmung in mir, die sagen wollte: Pass auf, jetzt wird alles wieder gut!

Diese Gedanken kamen mir frühmorgens am Frühstückstisch, als ich mich auf den bevorstehenden Tag, auf die Arbeit und auch auf den Krankenbesuch am Nachmittag vorbereitete. Unsere beiden Mädchen wurden zu dieser Zeit durch meine Eltern und Schwiegereltern sowie durch eine Tagesmutter gut versorgt.

Gerade als ich mich auf den Weg zur Arbeit machen wollte, klingelte das Telefon: Es meldete sich das Krankenhaus.

»Bitte kommen Sie so schnell wie möglich – Ihre Frau wird noch heute sterben!«

Damit hatte ich nicht gerechnet, nicht jetzt, wo sich doch in mir neue Kräfte auftaten und doch vielleicht noch etwas geändert werden konnte.

Hatte ich mir am Ende nur irgendetwas eingeredet, um die Wirklichkeit und die eigentlichen Probleme zu verdrängen? Ich sagte alle meine Termine ab und machte mich auf den Weg zur Klinik.

Das Herz wurde mir immer schwerer, je näher ich ans Ziel kam. Nicht, weil der Weg so weit oder beschwerlich war, sondern weil mir immer klarer wurde, was passieren würde. Etwa auf halber Strecke hielt ich an, weil meine Knie immer weicher wurden und meine Hände fast nicht mehr bereit waren, den Wagen zu lenken. Ich saß dort im Auto, meine Gedanken kreisten im Kopf herum und ich konnte einfach nicht weiterfahren. Es war, als würde mich eine Nebelwand an der Weiterfahrt hindern.

Wie lange ich dort stand, war mir nicht bewusst. Jedes Zeitgefühl schien verloren gegangen zu sein. Die ganzen Höhen und Tiefen der letzten Monate spulten sich wie ein Film vor mir ab. Und jetzt, wo meine Frau wirklich im Sterben lag, konnte ich diese große Hürde anscheinend nicht überwinden! Warum konnte ich jetzt nicht weiterfahren? Würde ihr Tod nicht eine Erlösung für sie sein? Vor einigen Tagen hatte ich meine Einwilligung zur Sterbehilfe gegeben, welche nicht funktionierte. Und jetzt, wo Martina sich an der Schwelle des Todes befand, hatte ich keine Kraft mehr, weiterzufahren und mich dieser endgültigen Situation zu stellen?

In diesem Moment, wo keine Hoffnung mehr vorhanden war, wurde ich von meiner eigenen Kraftlosigkeit überrollt. Immer stärker kam die Angst auf, zu spät zu kommen, und ich erinnerte mich an den Bibeltext, den mir der Versicherungsvertreter vor einigen Tagen zugerufen hatte: »Da ist keiner, der Gutes tut, auch nicht einer, alle sind abgewichen und erreichen nicht die Herrlichkeit Gottes ...«

Bisher hatte ich geglaubt, im Vergleich zu anderen würde ich ganz gut abschneiden. Jetzt aber wurde plötzlich mein Gewissen wach und zeigte mir, dass ich in der Vergangenheit immer wieder Dinge getan hatte, die wirklich böse waren: manche Lüge und viel Niedertracht in meinem Leben, auch manches, was man in der heutigen Zeit als Kavaliersdelikt bezeichnen würde. Gott urteilt aber ganz und gar anders darüber. Tränen rollten über mein Gesicht. Verzweifelt versuchte ich meine Gedanken zu ordnen, denn ich fühlte meine ganze Ohnmacht, weiterzukämpfen und weiterzuleben.

Soweit ich mich erinnern kann, war es das erste Mal in meinem Leben, dass ich aus ganzem Herzen betete: »Gott, ich bitte dich, hilf mir weiter, auch wenn du Martina nicht gesund machen willst, hilf doch bitte trotzdem. Herr Jesus, vergib auch alle meine Sünden und dass ich in meinem bisherigen Leben nichts von dir wissen wollte!«

Allmählich beruhigte ich mich wieder und es war mir, als würde jemand zu mir sagen: »Hab Vertrauen zu mir, ich werde dir helfen!« Die Erinnerung an ein altes Kirchenlied, welches oft auf Beerdigungen gesungen wurde, kam mir in den Sinn: »So nimm denn meine Hände und führe mich ...«

In diesen Minuten geschah etwas Entscheidendes in meinem Leben. Die Umstände waren die gleichen wie vorher, aber in mir hatte sich Wesentliches geändert. Mein Herz kam zur Ruhe. Meine Sünden waren vergeben. Die ungewisse Zukunft konnte ich in die Hände dessen legen, der alle Macht im Himmel und auf Erden hat.

Jetzt ging die Fahrt unter neuen Voraussetzungen und mit einem neuen Bewusstsein weiter.

In der Klinik angekommen, stellte ich fest, dass Martina nicht mehr in ihrem bisherigen Zimmer lag. Nachdem nun feststand, dass sie bald sterben würde, hatte sie ein Einzelzimmer bekommen. Eine Krankenschwester begleitete mich dorthin und sagte, wenn wir etwas benötigen würden, könnten wir uns jederzeit melden.

Am Ziel

Als ich Martina so in ihrem Bett liegen sah, bemerkte ich, dass sich ihr Gesundheitszustand in den letzten 24 Stunden sehr verschlechtert hatte. Sie war aber noch ansprechbar und konnte ganz leise etwas sagen. Ich schilderte ihr, was auf dem Weg zur Klinik mit mir geschehen war, dass ich jetzt an Gott und an seinen Sohn Jesus Christus glaubte.

»Willst du nicht auch an ihn glauben?«

»Das tue ich doch schon«, sagte sie ganz langsam und leise. »Er hat mir doch auch geholfen, als ich operiert wurde. Er hat mir vor der Operation Ruhe gegeben. Als ich im Andachtsraum war, da betete ich zu ihm. Ich fühlte da seine Nähe ganz besonders.«

Als sie mir flüsternd sagte, dass sie auf Gott vertraue und keine Angst vor dem Sterben habe, fiel mir ein, dass sie mir tatsächlich vor Wochen davon erzählt hatte. In meinem kritischen Inneren hatte ich damals ihre Worte als religiöses Geschwätz abgetan.

Die Zeit verstrich sehr langsam. Ich befand mich in einem Wechselbad der Gefühle – auf der einen Seite unendliche Traurigkeit über die Tatsache, dass Martina den Kampf gegen den Krebs verloren hatte, und auf der anderen Seite Dankbarkeit darüber, dass sich in meinem Leben etwas von Grund auf geändert hatte.

Es wurde Abend. Martina befand sich fast nur noch im Koma, ihre Augen öffneten sich kaum noch. Inzwischen waren auch Martinas Eltern gekommen, die ich beim Eintritt in das Krankenhaus angerufen hatte. Martina war jetzt gar nicht mehr ansprechbar. Ihre Atmung wurde mechanisch und kurz – wir spürten, dass es bald mit ihr zu Ende gehen würde. Frühmorgens um 4:00 Uhr hörte ihr Herz auf zu schlagen, der Kampf gegen den Krebs war verloren, die Leidenszeit war vorbei. Von unserem begrenzten menschlichen Horizont her gesehen war dieses Geschehen unendlich traurig und sinnlos. Martinas Tod bedeutete für mich, meine geliebte Frau zu verlieren. Unsere beiden Töchter verloren ihre Mama und ihre Eltern verloren ihre geliebte Tochter.

Aber Martina war jetzt von ihren Leiden erlöst und ich wusste aufgrund der Aussagen der Bibel, dass ihr eigentliches Leben jetzt erst begonnen hatte.

Nach Martinas Tod kam es mir so vor, als ob alle Personen in meinem Umfeld in Trauer zu versinken drohten. Dabei gab es in dieser Zeit so vieles zu überdenken und zu organisieren. Die Beerdigung musste vorbereitet, die Trauerkarten gedruckt und verschickt und vieles andere neu geordnet werden. In dieser wirklich sehr, sehr schweren Zeit erlebte ich, wie Gott mich hindurchtrug, und in vielen Situationen wurde mir die helfende Hand Gottes ein Beweis für seine erfahrbare Realität.

Nach einigen Wochen kehrte wieder langsam etwas Ruhe in mein Leben ein. Abends, wenn die Kinder im Bett lagen und schliefen, las ich in der Bibel und wurde immer dankbarer für diesen Wegweiser, den Gott uns gegeben hat.

In dieser Zeit ergab sich auch ein sehr nettes Gespräch bei einem Kunden und seiner Frau, Heinz und Ingrid, die auch Jesus Christus als ihren Herrn bekannten. Von ihnen bekam ich eine Einladung zu Vorträgen in einer Gemeinde von Christen und für mich schloss sich nun der Kreis. Da ich dort viele Menschen kennenlernte, mit denen ich mich wirklich verstand, erlebten wir in unserem Umgang miteinander eine innere Verbundenheit, weil Jesus Christus unser gemeinsamer Mittelpunkt war. Auch den Versicherungsvertreter Jürgen traf ich dort wieder, der auch regelmäßig diese Gemeinde besuchte. Es entwickelte sich eine tiefe Freundschaft mit ihm und seiner Familie. Es war trotz aller Traurigkeit über den Tod Martinas eine wertvolle Zeit, in der ich oft spürte, wie sehr für mich gebetet wurde, und in der mir auch durch praktische Hilfe einige Probleme abgenommen wurden.

Auch wenn mein sehnlichster Wunsch in Bezug auf die Heilung meiner Frau nicht erfüllt wurde, so weiß ich doch, dass sie jetzt bei ihrem Herrn Jesus Christus ist – frei von allen Sorgen und Schmerzen.

Die Frage, die mich in der Vergangenheit immer wieder gequält hatte, warum Gott zulässt, dass ein Mensch so viel Schmerz ertragen und sterben muss, ohne dass er sichtbar eingreift und eine Heilung oder Genesung bewirkt, wurde beantwortet, als ich verstand, was dort am Kreuz auf Golgatha geschah. Dort rief Jesus: »Mein Gott, mein Gott, warum hast du mich verlassen?«

Warum ließ Gott es zu, dass sein Sohn von brutalen Menschen unschuldig verurteilt, blutig geschlagen und schließlich grausam gekreuzigt wurde?

Aber auch das war Liebe, göttliche Liebe. Hätte er eingegriffen und die Kreuzigung verhindert, so wäre zwar sein Sohn vor diesem Leiden bewahrt worden, der Tod aber hätte weiterhin die Herrschaft über alle Menschen behalten. Darum hat Gott nicht nur die Leiden seines Sohnes zugelassen, die ihm durch Menschen zugefügt wurden, sondern geplant, dass Jesus Christus dort stellvertretend die Strafe für unsere Sünden trug. Das war der Preis dafür, dass Gott jetzt Sünden vergeben kann, wenn man ihn darum bittet.

So hat die Liebe Gottes auch alles Leid in meinem Leben und in dem Leben meiner Frau zugelassen, damit mein hartes Herz offen wurde und ich ihm mein Leben anvertrauen konnte. Heute bin ich froh und dankbar, dass ich damals meine Sündhaftigkeit sehr deutlich erkennen und den Opfertod Jesu Christi für mich annehmen konnte und nun um die Vergebung meiner Sünden weiß.

Und ich bin unendlich froh und dankbar dafür, dass Gott mich daran gehindert hat, einen Menschen zu ermorden. Die Welt wäre durch meine Tat noch schlechter geworden.

Ich hätte den Familienangehörigen des Arztes schweres, unfassbares, unnötiges Leid zugefügt, mich an ihnen schuldig gemacht und für immer mit den Gedanken an diese Schuld leben müssen. Und meinen Töchtern und Verwandten hätte ich ein unerträgliches »Erbe« hinterlassen!

Mit Überzeugung und Freude kann ich bekennen, dass es Wahrheit ist, was ich an jenem Abend in meiner Bibel gelesen habe:

»Ihr werdet die Wahrheit erkennen und die Wahrheit wird euch frei machen.«

Tim Treis

Keine Kooperation mehr mit Schnecken ...

Schweine-Trauma

Inmitten von Mastschweinen und Getreide verbrachte ich eine recht behütete Kindheit – mit viel Herumstreunen in der Natur und all den Möglichkeiten, die ein Bauernhof so bietet.

Andererseits musste ich in dem elterlichen Betrieb natürlich häufig auch mithelfen. Besonders gegen die Arbeit im Schweinestall entwickelte ich schnell eine starke Abneigung, da es dort oft so entsetzlich stank, dass mir die Augen tränten und ich immer wieder ausgelacht wurde, weil ich nach »Schweine-Stall« roch. Dieses »Schweine-Trauma« war für mich der Grund für die Entscheidung, auf keinen Fall Landwirt werden zu wollen. Deshalb war ich auch völlig damit einverstanden, dass mein Vater in meinem 14. Lebensjahr die Landwirtschaft aufgab und der ganze Hof stillgelegt wurde.

Aufgrund verschiedener Lungenerkrankungen hatten mich meine Eltern im Alter von 10 Jahren im örtlichen Posaunenchor angemeldet. Erst Jahre später erwies sich das aus verschiedenen Gründen als eine sehr gute Entscheidung. Ab der siebten Klasse ließen meine schulischen Leistungen rapide nach und ich isolierte mich immer mehr von meinen Schulkameraden. Auch das Wiederholen der achten Klasse nützte nicht viel – ich blieb entsetzlich faul und entwickelte mich immer mehr zum Außenseiter, der keine Freunde hatte.

In dieser Zeit wurde mir meine Trompete in gewisser Weise zum Ersatz für Freunde und der Einzelunterricht, den ich inzwischen bekam, brachte einige Erfolgserlebnisse.

Hauptsache dagegen!

Um meinen Mitschülern, bei denen ich wenig beliebt war, zu demonstrieren, dass ich sie sowieso nicht nötig hatte und aus einem ganz anderen Holz geschnitzt war als sie, begann ich mir einige sonderbare Marotten anzugewöhnen: Zum Beispiel bemühte ich mich, grundsätzlich das Gegenteil von dem zu tun, was alle anderen machten. Wenn alle sich die neuesten Hits aus den Charts anhörten und begeistert davon waren, hörte ich grundsätzlich nichts aus den Charts. Zusammen mit einem Mitschüler begann ich über drei Jahre hinweg, von den Osterferien bis zu den Herbstferien, nur barfuß und mit kurzen Hosen in die Schule zu gehen. Das war natürlich zeitweise sehr kalt, aber ich wollte ja demonstrieren, dass ich etwas anderes war als die Masse der Mitschüler und meine eigenen Wege ging.

Alle diese Verhaltensweisen führten dazu, dass ich immer mehr zum Sonderling und Eigenbrötler wurde. In dieser Zeit begann auch mein Interesse an anderen Religionen zu wachsen, besonders am Buddhismus. Da ich jedoch niemanden hatte, der mir meine Fragen kompetent beantworten konnte, führten diese Dinge eher dazu, mir eine Traumwelt aufzubauen, in der alles besser verlaufen sollte als in meiner bisweilen traurigen Realität.

Von Natur aus war ich sehr unsportlich und ängstlich – so war mein Traum, mithilfe von Meditationen sowie geistigen und körperlichen Übungen fit, gestählt und auch emotional unangreifbar zu werden. Meine Strategie wurde mehr und mehr, mich in meine Fantasien zurückzuziehen und nach außen möglichst wenig von mir preiszugeben. Meinen Eltern bin ich sehr dankbar, dass sie alle diese Entwicklungen geduldig und mit Liebe ertragen haben und ich wenigstens zu Hause heile Verhältnisse hatte.

Posaunenchor-Bläser und Reggae-Kiffer

Zu meinem Glück wurde ich während der Zeit der Oberstufe nach und nach in verschiedene Auswahl-Posaunenchöre innerhalb der Landeskirche aufgenommen.
Dadurch bekam ich viele neue Kontakte und meine Einsamkeit ließ deutlich nach. Überhaupt entsprachen meine »Mitbläser« wesentlich mehr meiner Wellenlänge, sodass ich viele meiner seltsamen Angewohnheiten im Laufe dieser Zeit wieder fallen ließ und sehr froh über den neu entstandenen Bekanntenkreis war. Die Zeit nach den Konzerten, die wir öfter zu geben hatten, haben wir immer sehr feuchtfröhlich verbracht, sodass ich in recht kurzer Zeit ziemlich trinkfest wurde.

Die Aufgabe solcher Auswahl-Chöre war, bei Kirchenjubiläen und ähnlichen Anlässen abends ein Konzert zu geben sowie sonntags morgens den Gottesdienst musikalisch zu gestalten. Auf diese Weise bekam ich die Gelegenheit, viele evangelische Gottesdienste mitzuerleben. Die meisten sprachen mich jedoch nicht an und nur selten hatte ich das Gefühl, dass der Pfarrer, der dort predigte, ernsthaft an etwas außerhalb unserer sichtbaren Welt glaubte. Es war einfach alles sehr nüchtern, inhaltsarm und theoretisch.

Aufgrund dieser Erfahrungen suchte ich später, als das Interesse an den Religionen neu erwachte, auch nicht im Christentum Antworten auf meine Lebensfragen. Ich war der Meinung, dass ein Pfarrer den typischen Christen darstellte, und das war mir zu wenig.

Als die Zeit des Zivildienstes kam, suchte ich mir eine Arbeit in einer evangelischen Kirchengemeinde, in der es einen großen Posaunenchor gab. Viele der Bläser an dem Ort waren wirklich fit und auch deutlich musikalischer als ich, sodass ich dort mit der Chorleitung ziemlich gestrandet bin und ernüchtert feststellen musste, dass eine musikalische Laufbahn für mich nicht das Richtige war.

Überhaupt war diese Zivildienststelle für mich in vielen Beziehungen eine Überforderung, da ich zum Beispiel plötzlich eine evangelische Jugendgruppe leiten musste, aber innerlich wusste, dass ich mit den Jugendlichen nichts über »Glauben« erarbeiten konnte, da ich doch selbst keinen hatte. Der Pfarrer, der mich damals als Chef betreute, wechselte dann seine Pfarrstelle, weswegen ich mit dem Vertretungspfarrer zusammen plötzlich Konfirmanden-Unterricht geben musste, später oft auch allein. Auch wenn es gut ausgearbeitete Materialien gab, war mir klar, dass dies nun wirklich ein Witz war: Ich – ein echter Luftikus – der keine Ahnung von Gott hatte und zu dem Zeitpunkt von einem vorbildlichen Lebenswandel schon weit entfernt war, sollte Konfirmanden unterrichten, von guten Werken und von Gott erzählen?

Erfreulicherweise kam in den Materialien fast nirgendwo Gott vor, was es mir leichter machte. Da ich ein relativ loses Mundwerk und mit dem Heucheln keine Probleme hatte, ging der Unterricht letztlich recht gut vonstatten.

Zwei Bereiche beschäftigten mich in dieser Zeit zunehmend: Einmal begann ich mir vermehrt Gedanken darüber zu machen, ob es mehr in dieser Welt gibt als nur die sichtbare, materielle Ebene. Von meinem Elternhaus her hatte ich nichts anderes kennengelernt, aber es gab genug Phänomene, die auf die Existenz einer geistigen Welt hindeuteten. Dies begann mich zusehends zu interessieren.

Zweitens war ich immer mehr begeistert von Reggae-Musik. Ich lernte Gleichgesinnte kennen und zwei von ihnen, Oli und Markus, wurden die ersten echten Freunde, die ich in meinem Leben hatte. Oli hatte schon eine recht umfangreiche Plattensammlung und wir verbrachten viele freie Abende zusammen mit Kiffen – also Haschisch rauchen mithilfe von Pur-Pfeifen, Wasserpfeifen, Chillums etc. – und Reggae hören.

Eine neue Welt tat sich mir auf. Hier bekam ich zum ersten Mal das Gefühl von echter Gemeinschaft und das Hypnotische des Reggae führte in Verbindung mit den Hasch-Trips zu Trance-Erlebnissen, die erstaunlich waren. Als wäre eine Tür geöffnet, konnte ich mich plötzlich in geistige Räume verlieren, die ich vorher nie gekannt hatte. Wie groß ist die Welt, die sich da öffnet? Wie groß ist das Universum, das sich in mir selbst befindet?

Ich begann Rollenspiele zu genießen: Im Rahmen meiner Familie war ich vernünftig, gebildet, zielstrebig, bei den Konzerten war ich im schwarzen Anzug, gutbürgerlich, solide, und bei den Reggae-Partys völlig bekifft und betrunken.

Es waren gleichzeitig drei Welten: In den ersten beiden heuchelte ich, fühlte mich jedoch am glücklichsten, wenn ich bekifft war – von meiner inneren Leere spürte ich dann nichts mehr.

Über die Zivildienststelle ergab sich die Möglichkeit, in Südafrika mit schwarzen Kindern in verschiedenen Townships Posaunenchor-Arbeit zu beginnen. Da ich schon immer gerne reisen wollte, nutzte ich diese Gelegenheit sofort.

Es war die erste Nacht in Botswana, die erste Nacht auf meiner Reise durch verschiedene afrikanische Länder. Ich ging zum Waschraum des Campingplatzes. Im Vorraum kam ich mit einem Mann ins Gespräch. Man stellte sich die üblichen Fragen: Woher kommst du, wohin gehst du ...

Ich erzählte ihm, dass ich über die evangelische Kirche für vier Monate eine Arbeit in Südafrika gehabt hatte und nun am Beginn einer längeren Reise stünde. Als er das Wort »Kirche« hörte, wurde er hellhörig und fragte mich: »Ach, du hast eine Arbeit von der Kirche gehabt, bist du Christ?«

Diese Frage traf mich sehr überraschend und ich wusste nicht, was ich darauf antworten sollte. Bin ich Christ? Im Grunde meines Herzens wusste ich, dass ich die Frage nicht mit einem ehrlichen »Ja« beantworten konnte. Trotzdem quälte ich mir ein unsicheres »Ja« heraus, da ich zu diesem Zeitpunkt schließlich viel mit der Kirche zu tun hatte und kein Atheist war.

Der Mann merkte sofort meine Unsicherheit und fragte mich, ob ich überhaupt wüsste, was ein Christ sei. Auch diese Frage konnte ich nicht beantworten. Ehe ich mich versah, bekam ich einen zehnminütigen Bibel-Schnellkurs verpasst. Danach wünschte er mir Gottes Segen und ließ mich ziemlich verwirrt in besagtem Vorraum stehen – mit den Worten, dass dies eine Verabredung Gottes mit mir gewesen sei.

Während der nächsten Wochen meiner Reise hatte ich viel Zeit, über das Gehörte nachzudenken. Da ich jedoch weiter keinen »Christen« mehr traf, auch keine Bibel zum Lesen hatte, verblasste das Erlebnis relativ bald gegenüber den weiteren Eindrücken, die eine solche Reise mit sich bringt. Trotzdem blieb das Gefühl zurück, dass dieses Gespräch kein Zufall war.

Der Aufenthalt in Afrika bestätigte in mir den Wunsch, Entwicklungshelfer zu werden. Aus diesem Grund begann ich nach meiner Rückkehr nach Deutschland ein Landwirtschaftsstudium, das mir allerdings sehr wenig Spaß machte. Relativ schnell stellten sich bei mir die Probleme wieder ein, die ich in der Schule schon hatte: Ich war viel zu faul zum Lernen und hatte, wie ich erschüttert feststellte, nach wie vor immense soziale Probleme: Ich fand wenig Kontakte, hatte keine Freunde und war nicht sonderlich beliebt.

Faszination Esoterik

In dieser Zeit begann ich mich für die Esoterik zu öffnen. Auslöser war unter anderem eine homöopathische Behandlung, die sehr erfolgreich gewirkt hatte und mein Interesse weckte. Was wirkte da und warum wirkt es, wenn es aufgrund der hochpotenzierten Verdünnung keine chemischen Vorgänge sein konnten? Ich begann an der Uni Vorlesungen anzuhören und mir in einer esoterischen Buchhandlung Bücher zum Thema zu kaufen.

Meine Kontakt-Probleme mit meinen Mitstudenten führten mich zu der Entscheidung, eine Bachblüten-Therapie zu beginnen. Das Einnehmen dieser Essenzen bewirkte bei mir außerordentlich starke seelische Vorgänge, sodass ich mich – allein sein war ich ja gewöhnt – für drei Wochen in mein Zimmer zurückzog (außer zum Essen), um über mein Leben nachzudenken.

Nach diesen drei Wochen war ich in gewisser Weise ein veränderter Mensch. Eine vollständige Öffnung zur spirituellen Welt hatte in mir stattgefunden und ich begann alles mit ganz anderen Augen zu sehen. Die materielle Welt war nicht mehr die entscheidende Realität, sondern die spirituelle Welt dahinter, in der Engel, das nicht näher definierte »Göttliche« und nicht zuletzt die schöpferische Kraft meiner Gedanken die Geschicke im sichtbaren Bereich des Lebens lenkten. So wurde ich der Schöpfer meines eigenen Universums, meine Glaubensüberzeugungen, meine gedanklichen Muster bewirkten die Realität, die mir alltäglich begegnete. Alles, was mir passierte, war nun dazu da, mir diese Muster aufzuzeigen und dadurch negative Prägungen (auch aus »vergangenen Inkarnationen«) in positive, göttliche zu transformieren. Wie froh war ich über diese Entdeckungen! Ich hatte das Gefühl, entscheidende Prinzipien verstanden zu haben und nun mein Schicksal, mein Leben selbst in die Hand nehmen zu können.

Die eigentlichen Probleme, derentwegen ich die Bachblüten-Behandlung begonnen hatte, waren dabei allerdings nicht gelöst, sondern bestanden unvermindert weiter. Nur registrierte ich dies einfach nicht mehr, da ich mich mit meinen Gedanken eher im Kosmos als in der Gegenwart befand. Dass mir auch das Studium zusehends schwerer fiel, bemerkte ich immer erst dann, wenn ich kurz vor einer Klausur wieder einmal viel zu wenig gelernt hatte, da ich die Zeit mit esoterischer Literatur statt mit Lernen verbrachte.

In dieser Zeit traf ich nach einer längeren Pause meine Freunde Oli und Markus wieder. Wir waren völlig erstaunt, dass wir drei unabhängig voneinander dieselbe Entwicklung in die Esoterik durchgemacht hatten! Uns war klar, dass dies kein Zufall war, und wir tauschten bis in die Nacht unsere Erfahrungen und Ansichten aus. Wir hatten uns auf einer neuen Ebene wiedergefunden!

Zur selben Zeit las ich einen Artikel in einer esoterischen Zeitschrift, in dem eine spirituelle Gemeinschaft erwähnt wurde, ohne weiteren Hinweis oder Kommentar dazu. Aus irgendeinem Grund interessierte mich diese Gemeinschaft ungemein und ich betete Richtung Universum, wohin wusste ich auch nicht genau, dass ich davon mehr erfahren wollte.

Einen Tag später war ich auf einer Studenten-Fete eingeladen, wo ich mich eine Zeit lang mit einer anderen Studentin unterhielt. Diese erwähnte in dem Gespräch plötzlich genau diese Gemeinschaft, die mich so sehr interessiert hatte, und es stellte sich heraus, dass ihre Mutter dort jahrelang gewohnt hatte! Dies war sicherlich kein Zufall und ich wusste, dass ich so schnell wie möglich diese Gemeinschaft kennenlernen wollte. Über ihre Mutter bekam ich schon nach einem Tag alle nötigen Unterlagen zugesandt.

Ich buchte für die Sommer-Semesterferien zwei Kurse über Selbsterfahrung. Die Zeit dort schien mir sehr schön und ereignisreich, ich lernte, besser auf Menschen zuzugehen, Blockaden aus der Kindheit aufzuarbeiten und mich mehr und mehr auf die Führung aus dem Universum zu verlassen.

Unter anderem entschied ich mich auch dazu, mein Studium nicht abzubrechen und die angestrebte Ausbildung als Heilpraktiker fallen zu lassen. Stattdessen wollte ich auf eine benachbarte Universität wechseln, die einen wesentlich praxisnäheren Studiengang anbot und einen stärkeren Schwerpunkt Richtung ökologischer Landwirtschaft hatte.

Insgesamt geschahen in dieser Zeit recht viele solcher »Zufälle« und bei mir wuchs langsam die Überzeugung, etwas Besonderes zu sein – jemand, der auf spirituellem Gebiet mal eine Rolle spielen würde.

Bio-Freak

Während des Frühjahr-Semesters nahm ich an einem Studentenaustausch mit Frankreich teil. Wegen besagter Probleme zog ich es vor, nicht gemeinsam mit der Austauschgruppe dorthin zu fahren, sondern lieber allein zu trampen. Auf dem Rückweg schaffte ich es, per Autostopp noch am selben Tag über die deutsche Grenze zu kommen und erreichte gegen 22:00 Uhr den Bahnhof in Aachen, wo ich im Wartesaal des Bahnhofs übernachten und am nächsten Tag nach Hause trampen wollte.

Dort angekommen stellte ich jedoch fest, dass der Bahnhof umgebaut wurde und es keinen Wartesaal mehr gab, sondern nur noch ein Dach mit jeder Menge Bauschutt darunter. Also entschied ich, mir zunächst etwas zu essen zu besorgen, um danach weiterzusehen.

Auf dem Weg durch die Stadt hielt plötzlich ein Auto neben mir und eine hübsche junge Frau mit Rucksack stieg aus. Sie kam direkt auf mich zu und fragte mich, ob ich wüsste, wo der Bahnhof sei. Das konnte ich ihr natürlich beantworten und wir machten aus, uns dort wieder zu treffen. Irgendwie spürte ich, dass diese Begegnung kein Zufall war, und bemühte mich, möglichst schnell wieder zum Bahnhof zu gelangen.

Sie war an diesem Tag vom Bodensee in Richtung London getrampt und musste jetzt ebenfalls am Bahnhof übernachten, weil um diese Uhrzeit kein Zug mehr Richtung London weiterfuhr. Wir versuchten dann, inmitten der Schutthaufen ein einigermaßen brauchbares Nachtlager aus Isolierwolle und Zeltplane zu errichten. Anschließend unterhielten wir uns noch länger.

Zu meiner Verwunderung stellte sich Judith als »Hausfrau und Mutter« vor. So hatte ich mir diesen Menschenschlag allerdings überhaupt nicht vorgestellt und es stellte sich heraus, dass sie alleinerziehende Mutter einer zweijährigen Tochter war.

Ich erzählte ihr auch von meinem bevorstehenden Studienwechsel und der besagten Uni, wo es – wie ich dachte – nur Bio-Freaks gebe, die alle in Land-WGs mit ein paar Hühnern im Hinterhof leben würden. Diese Schilderung sprach Judith so sehr an, dass sie das bevorstehende Sozialpädagogik-Studium fallen ließ und ein Praktikum auf einem Biohof anfing, um danach ebenfalls dort zu studieren.

Frühmorgens fuhr dann ihr Zug und geistesgegenwärtig genug überwand ich meine Schüchternheit und fragte sie nach ihrer Telefonnummer, die sie mir zum Glück auch gab. Mit entsetzlichem Herzklopfen meldete ich mich dann immer wieder mal bei ihr, es kam auch noch zu zwei Besuchen und im Laufe dieser Zeit begann ich mich in sie zu verlieben.

Nach dem Ende des Semesters würde ich mein Studium für ein einjähriges landwirtschaftliches Praktikum auf einem Biohof unterbrechen.

Kurz vor Beginn des Praktikums kam Judith noch mal zu mir nach Hause zu Besuch, diesmal mit ihrer kleinen Tochter Rebecca. Abends, als wir uns ungestört unterhalten konnten, sprachen wir auch über eine mögliche Beziehung, die ich natürlich wollte.

Judith war sich da überhaupt nicht sicher und wir unterhielten uns bis spät in die Nacht über verschiedene Dinge. Letztlich willigte sie ein, wobei Judiths Beweggrund für diese Entscheidung war, dass sie sich dachte, wenn sie überhaupt Gott finden könnte, dann über mich, was sie mir auch so sagte. Ich wiederum verstand nicht, wovon sie sprach, da ich zwar jede Menge esoterischer Theorien parat, aber keine Beziehung zu Gott hatte. In meiner männlichen Eitelkeit hätte ich mir natürlich auch andere Gründe lieber gewünscht als gerade diesen. Nun, ich war 24 Jahre alt und in jedem Falle froh darüber, endlich eine Freundin zu haben. Es folgte ein Jahr, wo wir uns fast jedes Wochenende sahen und die Beziehung recht bald an Tiefe gewann.

Erst in dieser Zeit begriff ich, dass ich nicht nur eine Freundin hatte, sondern plötzlich auch in die Rolle eines Ersatzvaters schlüpfen sollte. Dass Rebecca auch noch da war, hatte ich vorher ziemlich verdrängt – und als die kleine Rebecca mit ihren drei Jahren begriff, dass sie plötzlich ihre Mama mit jemandem teilen sollte, versuchte sie mit allen Mitteln, mich loszuwerden.

Es wurde eine sehr schwierige Zeit. Die Situation überforderte mich völlig und ich war häufig genervt und lieblos zu Rebecca, die mir wiederum sehr unmissverständlich ihre

Abneigung zu verstehen gab. Andererseits war mir klar, dass die Beziehung zwischen Judith und mir nur dauerhaft etwas werden konnte, wenn ich mich auf Rebecca wirklich einließ, was mir Judith ebenfalls sehr deutlich zu verstehen gab.

Über Jahre hinweg blieb dieses Problem bestehen. Regelmäßig gab es Streit, Szenen, Auseinandersetzungen und ich schwankte hin und her zwischen meinem Ärger über Rebecca einerseits und heftigen Schuldgefühlen wegen meines permanenten Versagens ihr gegenüber andererseits. Auch Meditationen auf das Herz-Chakra halfen nicht, ebenso wenig, dass ich spirituelle Lebensberatung mit Bachblüten-Therapie bei einer Geistheilerin in Anspruch nahm.

Oft genug kam es vor, dass ich von einem esoterischen Seminar nach Hause kam in der Hoffnung, dadurch irgendwie weitergekommen zu sein, Blockaden aufgelöst zu haben, die mich hinderten, Rebecca mehr zu lieben. Kaum zu Hause kam es prompt wieder zu einem Konflikt und mein Kartenhaus fiel zusammen. Obwohl wir uns im Laufe der Jahre dann irgendwie miteinander arrangiert haben, blieb diese Beziehung schwierig und mein regelmäßiges Versagen darin eine traurige Realität, die durch nichts geleugnet werden konnte.

Nach einem Jahr wurde Judith schwanger und wir entschlossen uns, zusammenzuziehen. Judith hatte inzwischen aus dem Praktikum eine landwirtschaftliche Lehre werden lassen und diese abgeschlossen; mein Praktikum war ebenfalls zu Ende. Für uns beide begann das Studium.

In dieser Zeit erreichte uns eine traurige Nachricht: Mein Freund Markus hatte einen Rückfall erlitten von einer schon länger ausgestandenen Krebserkrankung. Ich war schockiert, da er in den vergangenen Jahren eine Persönlichkeitsentwicklung durchgemacht hatte, über die wir alle nur staunen konnten. Aus einem schüchternen, fast verklemmten und unsicheren jungen Mann war inzwischen ein selbstsicherer, völlig lockerer Typ mit einer unerschütterlichen Fröhlichkeit geworden.

Mit Oli war er zusammen in einem Aschram in Indien gewesen, wo er, wie wir meinten, als tiefgläubiger Mensch zurückgekehrt war. Seinen Job als Banker hatte er an den Nagel gehängt, eine Ausbildung zum Erzieher begonnen und Stück für Stück sein ganzes Leben umgekrempelt. Sein Denken schien von Gott erfüllt. Wozu »brauchte« er eine solche Erkrankung? Doch auch während der Krankheit entwickelte er sich weiter sehr positiv, sodass wir den Eindruck hatten, dass der Sinn dieser Erkrankung in dem dadurch angestoßenen Entwicklungsprozess liegen müsse. Wir alle und er am meisten glaubten fest daran, dass er mit »göttlicher Hilfe« diese Krankheit überleben würde, weswegen er zu einem gewissen Zeitpunkt auch die Chemotherapie abbrach und sich ganz auf die »göttlichen Heilkräfte« und alternativen Heilmethoden verließ.

Doch fünf Tage vor der Geburt unserer Tochter Solveigh starb Markus. Ein quälendes Gefühl von Unverständnis und Verwirrung blieb bei mir zurück: Wozu das alles? Wo lag da der Sinn? Konnte »Gott« ihn nicht heilen, wo er sich doch ganz auf ihn verlassen hatte? Die Geburt von Solveigh und die Überzeugung, dass Markus ohnehin bald wieder inkarnieren – also seine Seele sich irgendwo mit einem neu entstehenden Körper verbinden – würde, tröstete mich jedoch bald darüber hinweg.

Mit Oli zusammen begann ich zu überlegen, ob er vielleicht sogar direkt in unserem Umfeld oder sogar aufgrund der engen Beziehung in einer unserer Familien wiedergeboren werden würde.

Tief in mir kamen aber auch Zweifel an diesen Überlegungen hoch: Was davon ist Wahrheit, was davon menschliche Spekulation, wie im Fall von Markus' Tod und unseren Erwartungen über den Verlauf seiner Inkarnation? Warum konnte ich mich nicht an vergangene Leben erinnern, trotz meines Bemühens, irgendwie Einblicke in frühere Inkarnationen meiner Seele zu bekommen? Wenn es wirklich ein für alle Menschen gültiges Prinzip ist, warum weiß der mit Abstand größte Teil der Menschen nichts davon?

Natur-Magie

In den folgenden drei Jahren verbrachte ich die Zeit damit, in meinem Studium voranzukommen und verschiedene esoterische Richtungen und Praktiken kennenzulernen. Wir waren inzwischen als Familie aufs Land gezogen, hatten einen großen Garten und lebten ausschließlich von Bioprodukten. Bei Krankheiten kamen nur Homöopathie und Bachblüten zum Einsatz. Diese naturverbundene Lebensweise trug dazu bei, mich mehr und mehr für Natur-Magie zu interessieren, obwohl ich diese Dinge schon vorher kennengelernt hatte. Wenn sich die Möglichkeit bot, nahm ich an schamanischen Schwitzhütten teil und begann mich vermehrt für Geistwesen wie Elfen, Devas und Natur-Engel zu interessieren. Die Bücher eines Mannes aus Slowenien, der hellsichtig war und mit diesen Wesen einen fast selbstverständlichen Kontakt hatte, faszinierten mich sehr.

Ich begann ebenfalls über Meditation die Verbindung mit diesen Wesenheiten zu suchen, da ich das Konzept insgesamt sehr schlüssig fand, allerdings gelang mir dies nie. Meine Sichtweise war schließlich, dass Bäume, Gärten, Felder und Landschaften eben nicht nur aus der sichtbaren Ebene bestehen, die wir mit unseren fünf Sinnen wahrnehmen können, sondern dass es eine beseelte, wissende Ebene dahinter gibt, welche die eigentliche, wirklichkeitsschaffende Dimension darstellt: Jede Pflanze hat nach dieser Sicht einen Engel (Elfe, Deva, wie auch immer man sie nennen will), der mit ihr verbunden ist, genauso wie es Engel gibt, die für ganze Landstriche zuständig sind. Da diese Wesen ja keinen physischen Körper haben, also nicht altern können und damit außerhalb unseres Zeitkontinuums stehen und aus der Nähe zum Göttlichen heraus für das Fortbestehen der natürlichen Prozesse in der Natur Sorge tragen, war es naheliegend, sich mit Lebensfragen usw. an einen alten Baum bzw. das Wesen dahinter zu wenden, um dort Weisung und Hilfe zu erfahren. Schließlich sollte es sich um gute, göttliche Wesen handeln, frei von den menschlichen Begrenztheiten.

Ein anderer geistiger Lehrer bot ein Konzept an mit dem klangvollen Titel »Kooperation mit der Natur«. Seine Botschaft war, sich mit den Schädlingen im Garten kooperativ zu einigen, anstatt sie zu bekämpfen. Dazu sollte man z. B. zu den Schnecken meditativ Kontakt aufnehmen und mit ihnen einen Vertrag machen, dass sie zum Beispiel 10 % der Salate fressen dürften und man selbst die verbleibenden 90 % für sich behalten wolle. Dafür würde man sie nicht bekämpfen, sondern es ihnen im Garten so schön wie möglich gestalten.

Mit einigem Erfolg probierte ich dieses Konzept in unserem Garten aus, wenn es mich auch ärgerte, das der »Erfinder« dieser Methode kurze Zeit später den Namen patentrechtlich schützen ließ, damit niemand anders damit Geld verdienen konnte.

Dies machte mich stutzig, da es meiner Überzeugung nach bei diesen Dingen doch nicht um Geld, sondern um das spirituelle Erwachen der Menschheit ging, die sich am Übergang zu einem neuen Zeitalter befand.

Die Tatsache, dass ich selbst schon Tausende von DM für esoterische Seminare, Bücher und ganzheitliche Heilmittel, Aura-Soma-Flaschen usw. ausgegeben hatte, fand ich allerdings ziemlich normal.

Schließlich bekam ich auch Kontakt zum Tibetanischen Diamantweg-Buddhismus. Der Lehrer dieses Weges wirkte ungemein faszinierend auf mich, da er eine Kraft ausstrahlte, die sehr überzeugend wirkte. Auch sagte er von sich, er sei »befreit«, hätte also sein Ego überwunden. Solche Leute trifft man nicht oft und es schien, als wäre dieser Weg sehr wirkungsvoll. Ich ließ mich daher in die »Vorbereitenden Übungen« einweihen und nahm an der »Phowa«-Meditation teil, die sehr beeindruckend waren, weil man bei Bewusstsein seinen Körper verließ und in einen weiten, glückerfüllten Raum gelangte, ungetrübt von den menschlichen Wirrungen des Alltags. Diesen Eindruck konnte man dann mit zurück in den Körper nehmen. Negative Störgefühle, die einen an der Entwicklung hin zur Erleuchtung hinderten, sollten dadurch keine Wirkung mehr im Menschen zeigen.

Da ich im Laufe der Zeit die Person dieses Lehrers sehr genau beobachtete, bekam ich mehr und mehr Zweifel daran, ob er tatsächlich »befreit« sei. Wo er nur konnte, machte er das Christentum lächerlich und zeigte so ungeniert seinen Hang zu schönen Frauen, dass ich den Eindruck bekam, kein Ego zu haben, hieß in seinem Fall in erster Linie, keine moralischen Barrieren mehr zu kennen.

Ungelöste Fragen

Obwohl ich inzwischen viele esoterische Richtungen gründlich kennengelernt hatte, blieben zwei Fragen ungelöst, die mich immer wieder beschäftigten und quälten: Einmal war ich immer noch auf der Suche nach Gott. Trotz aller Bemühungen und Erfahrungen blieb er für mich die ferne, unbekannte Größe schlechthin und das in der Esoterik gelehrte ziemlich diffuse »Göttliche« half mir nicht wirklich weiter. Noch mehr war mir Jesus Christus ein Rätsel. Fast jede Richtung hatte ihren eigenen Christus, viele lehrten das sogenannte »Christus-Bewusstsein«, aber in meinem Herzen wusste ich, dass ich ihn einfach nicht kannte. Ich kann mich an Gebete erinnern, die ich alle paar Monate zu einem mir völlig unbekannten Christus gen Himmel sandte mit der Bitte, ihn kennenlernen zu wollen. Meistens suchte ich danach in der esoterischen Buchhandlung ein Buch zu diesem Thema, was mir jedoch auch nicht weiterhalf. Ein Blick in die Bibel war zu dieser Zeit keine Alternative. Nach meinen Erfahrungen in der evangelischen Kirche schien es mir undenkbar, dass dort eine Lösung zu finden sein könnte.

Zweitens beobachtete ich genau die spirituellen Lehrer, deren Seminare ich besuchte. Nach anfänglicher Begeisterung stellte ich fest, dass sie im Grunde genommen genauso unerlöst waren wie ich auch. Grundsätzlich ist das ja ein Problem, das jeder Mensch hat, daher stand es mir nur bedingt zu, darüber zu urteilen.

Andererseits hatten diese Lehrer faszinierende Lehren anzubieten und versprachen, einem damit wirklich weiterhelfen zu können, waren hervorragende Redner und als Personen zunächst sehr beeindruckend. Einer dieser »Gurus« wurde allerdings entsetzlich jähzornig, wenn seine Lehre infrage gestellt wurde, ein anderer war von offensichtlichem Egoismus geprägt. Wie konnte das zusammenpassen mit der Botschaft von innerem Frieden und Glückseligkeit sowie der Befreiung oder gar Erleuchtung, die sie auf ihre Fahnen geschrieben hatten?

Zusammen mit den nur spärlichen Verbesserungen, die ich bei mir selber beobachten konnte, und dem Eindruck, dass viele dieser Lehren bei mir nicht wirklich funktionierten, entstanden die ersten grundsätzlichen Zweifel an der Glaubwürdigkeit und Wahrhaftigkeit dieses ganzen Gedankengebäudes. Da ich jedoch keine Alternative oder etwas Besseres anzubieten hatte, ließ ich diese Zweifel nicht ernsthaft an mich heran.

Judith betrachtete meine ganzen Trips immer mit einer gewissen Skepsis. Von Hause aus war sie katholisch, was sie eher unbewusst vor den meisten esoterischen Lehren schützte. Trotzdem hinderte sie mich nicht an der Ausübung dieser Dinge, obwohl das viele Geld, das ich dafür ausgab, ihr sehr leidtat. Die Tatsache, dass sie eine Waldorfschule besucht hatte, bewirkte trotz ihres katholischen Hintergrundes, dass sie spirituellen Lehren nicht völlig abgeneigt war und besonders die Anthroposophie grundsätzlich positiv einschätzte.

Wir besuchten daher auch zusammen einen Hauskreis, in dem wir den »landwirtschaftlichen Kurs« von Rudolf Steiner lasen. Richtig erfreulich war dies allerdings nicht, da praktisch keiner den Inhalt des Kurses richtig verstand, aber niemand es zugeben wollte. Das Ganze wirkte manchmal wie Rätselraten; spannender wurde es erst, als ein Physikprofessor zu dem Lesekreis dazustieß, der im anthroposophischen Gedankengut sehr »sattelfest« war und alles erklären konnte.

An der Uni herrschte gegenüber der Anthroposophie und speziell der biologisch-dynamischen Landwirtschaft, die von Rudolf Steiner entwickelt worden war, eine sehr positive Stimmung – ganz im Gegensatz zu vielen anderen Universitäten in Deutschland. Es war wie ein Tummelplatz für alle Arten von spirituellem Gedankengut und ich fühlte mich dort sehr wohl.

Für meine Diplomarbeit suchte ich mir dann auch ein anthroposophisches Thema aus. Um dazu Untersuchungen machen zu können, zog ich für zwei Monate nach Dornach (Schweiz) ans Goetheanum, dem Hauptsitz der anthroposophischen Gesellschaft. Judith, inzwischen zum dritten Mal schwanger, blieb so lange allein zu Hause. Die korrekte und exakte Methode der anthroposophischen Naturwissenschaftler faszinierte mich sehr, ebenfalls machten mir meine Untersuchungen sehr viel Spaß.

Weniger erfreulich war, dass das Leben der vollzeitlich dort arbeitenden Anthroposophen ziemlich stark von Streit und Eifersüchteleien gekennzeichnet war, was mir die Methode als solche verdächtig machte – ebenso die Tatsache, dass Kritik an dem Werk »Herrn Doktor Rudolf Steiners« grundsätzlich nicht erwünscht war.

Hochzeit mit »Barfuß-Tanz«

In der Zwischenzeit hatten Judith und ich uns überlegt, dass wir heiraten wollten. Wir waren sehr glücklich miteinander und konnten uns gut ein gemeinsames Leben vorstellen. Es war naheliegend, die Hochzeitsfeier auf dem Hof meiner Eltern zu feiern, da es ein großes und schönes Gelände mit viel Platz war.

Die Feier verlief dann im Verhältnis zu gewöhnlichen Hochzeitsfeiern recht außergewöhnlich: Im Garten stellten wir unser Tipi auf, Bekannte aus der Zivildienstzeit hatten eine erfolgreiche Reggae-Band gegründet, die an dem Abend spielte.

Statt Geschirr, Haushaltsachen und Bettwäsche ließen wir uns Werkzeug zur Hochzeit schenken und in dieser warmen Augustnacht feierten wir dann ein rauschendes Fest. Das Essen war zu 100 % biologisch und Judith wurde im Dorf dafür bekannt, »dass die Braut barfuß getanzt« hat.

Diese sehr gelungene Feier ließ bei Judith und mir den Gedanken wachsen, ob wir den Hof meiner Eltern nicht wieder reaktivieren sollten, um dort mit biologischer Landwirtschaft zu beginnen. Je länger wir darüber nachdachten, umso besser gefiel uns der Gedanke. Eine Umstellungsgruppe der Uni half uns bei der Betriebsplanung und verschiedene glückliche Umstände bestätigten uns, damit auf dem richtigen Weg zu sein. So besuchte ich eine Frau, die Kontakt zu bestimmten Geistwesen hatte. Bei Lebensfragen versetzte sie sich in eine meditative Stimmung und ein solcher Geist begann mit veränderter Stimme durch sie zu sprechen. Man bekam sehr weisheitsvolle Auskünfte, von denen ich den Eindruck hatte, dass sie wirklich weiterhelfen würden. Die Prognose über die Zukunft unseres Hofes war ebenfalls sehr positiv.

Als wir in die konkrete Betriebsplanung einstiegen, wurden wir allerdings auch von verschiedenen Seiten her gewarnt, was wir uns da aufhalsen würden. Wir waren ja völlig blauäugig an die Sache herangegangen und dachten nicht, dass eine Betriebsneugründung irgendwie schwerfallen könnte. Menschen, die mehr Erfahrung hatten, warnten uns vor der vielen Arbeit, die damit verbunden sei.

Mir gefielen diese Warnungen überhaupt nicht. Schließlich bestimmten meine Gedanken und Glaubensüberzeugungen die Realität und wenn ich von vornherein mit solchen Überzeugungen in die Betriebsgründung einsteigen würde, war klar, dass es sich entsprechend schwierig entwickeln würde. Also dachte ich sehr positiv und auch ziemlich arrogant, dass in unserem Fall alles besser verlaufen würde. Da es sich ja um eine Neugründung handelte, war jede Entwicklung auf dem Betrieb Ergebnis unseres Denken und Handelns, also nicht beeinflusst durch die betrieblichen Vorgaben des Vorgängers.

Daher war ich wirklich überzeugt, mit einer außergewöhnlich guten Betriebsentwicklung den Beweis von der Wahrheit dieser esoterischen Prinzipien liefern zu können, zumal wir auch die geistige Ebene hinter den natürlichen Prozessen »kannten« und diese zu unserem Vorteil miteinbeziehen wollten.

»Biologisch-dynamische« Bauchlandung

Der Hof wurde dann als »Demeter«-Betrieb gegründet, da uns die von Rudolf Steiner gegebenen Ansätze im »landwirtschaftlichen Kurs« überzeugten und unsere spirituelle Sichtweise gut dazupasste. Mithilfe der biologisch-dynamischen Präparate, die nach den Angaben Rudolf Steiners hergestellt wurden, sollten qualitativ höherwertige Lebensmittel erzeugt werden. Dazu wurden zum Beispiel Kuhhörner mit Kuhmist gefüllt und möglichst im Herbst ca. 80 cm tief vergraben. Im Frühjahr wurden sie dann herausgeholt. Der »Hornmist« wurde in ein Fass voll Wasser gegeben und die Brühe durch ein einstündiges, immer wieder die Richtung wechselndes Umrühren »dynamisiert«. Das so entstandene Präparat wurde zur Verbesserung der Bodenprozesse auf die Felder gespritzt.

Außerdem berücksichtigten wir die Kräfte des Mondes und der Sterne bei Aussaat, Düngung und Ernte durch die Wahl des richtigen Zeitpunktes. Wir waren uns sicher, den richtigen Weg gewählt zu haben, da wir die ohnehin in den natürlichen Prozessen vorkommenden Energien kannten und zum Wohle aller nutzten.

Nachdem ich in einem leer stehenden Haus auf unserem Hof eine Wohnung für uns ausgebaut hatte, begann das erste Jahr der praktischen Betriebsführung. Zwei Versuche, mit jeweils einer anderen Familie, den Hof als Betriebsgemeinschaft zu führen, scheiterten an zwischenmenschlichen Reibereien.

In der Realität verliefen die ersten Jahre der Betriebsgründung noch viel schlimmer, als uns prophezeit wurde. Judith und ich hatten beide eine Wochenarbeitszeit von mindestens 80 Stunden, die Kinder mussten irgendwie nebenherlaufen oder von der Oma versorgt werden. Das Geld war extrem knapp und unser Kontostand befand sich jahrelang massiv im Minus, da alle spärlichen Einnahmen für Versicherungen, Berufsgenossenschaft usw. draufgingen. Mein Vater gab mir permanent zu verstehen, dass ich alles falsch machte, was eine weitere starke Belastung für mich darstellte. Mein esoterisches Gebäude wurde unter diesem Eindruck ziemlich lädiert, da sich statt der erhofften Praxistauglichkeit eher dessen Untauglichkeit herausstellte. Zeitweise ärgerte mich meine viele Gedankenmacherei richtig, da ich feststellte, dass sie mich an der praktischen Betriebsführung eher hinderte. Trotzdem hielt ich daran fest – ich hatte ja nichts anderes! Mit Hilfe von Kindergeld, Judiths BAföG, ihrer Sparsamkeit, ihrer weit größeren Praxiserfahrung und des Arbeitseinsatzes meines Vaters haben wir die ersten Jahre dann irgendwie überstanden.

Nach zwei Jahren wurde Judith zum vierten Male schwanger. Der Betrieb war ja noch lange nicht »im grünen Bereich« und wir fürchteten, mit dem Rücken nun vollends an der Wand zu stehen. Wie sollte es weitergehen, wenn Judith mehr oder weniger ausfiele, spätestens dann, wenn das Kind da war? Freunde empfahlen uns, an einem »Coaching« teilzunehmen, das uns vielleicht weiterhelfen würde. Wir klammerten uns an diesen Strohhalm und hatten dann beide jede Woche einen telefonischen Gesprächstermin mit unserem Coach, der uns wirklich gute Tipps und Hilfen gab, wie wir den Betrieb praktisch führen konnten: Ziele setzen und einen Plan erarbeiten, wie man sie erreicht usw. Nebenbei stellte sich heraus, dass dieser Coach Christ war und uns auf recht moderne Weise an die Bibel heranführte. So verstaubte Begriffe wie »Sünde«, über die ich sonst nur verächtlich gelächelt hatte, erklärte er auf so praktische Weise im Zusammenhang mit seinem Coaching-Konzept, dass meine Abneigungen der Bibel gegenüber irgendwie aufgeweicht wurden.

Erste Zweifel

Zur selben Zeit entstand die Möglichkeit, auf einem weiteren Wochenmarkt unsere Produkte zu verkaufen. Die Einnahmen, die unser Verkaufsstand in einer kleinen Stadt samstags einbrachte, waren bis dahin unsere einzige regelmäßige Betriebseinnahme, zu dem Zeitpunkt etwa 300 DM pro Woche. Ein weiterer Markt würde uns sicherlich weiterhelfen, weswegen ich das Angebot sofort annahm.

Auf diesem Markt war neben anderen Marktkollegen ein Mann namens Gerhard, der zusammen mit zweien seiner Kinder Brot und frisch gebackene Fladen verkaufte. In seinem Verkaufsanhänger hing ein riesiger Bibelvers: »Der Mensch lebt nicht vom Brot allein, sondern von jedem Wort, das durch den Mund Gottes ausgeht« (Matthäus 4, Vers 4). Für einen Brotverkaufswagen fand ich diesen Vers ziemlich erstaunlich. Noch mehr verwunderte mich seine heftige Kritik an der Demeter-Landwirtschaft, die ich betrieb, da dies in seinen Augen Okkultismus war.

Da wir wegen der Qualität der Produkte bisher nur lobende Rückmeldungen über diese Form des biologischen Landbaus bekommen hatten, machte mich seine Kritik allerdings eher neugierig, als dass ich den Kontakt mit Gerhard vermieden hätte. Ich wollte wissen, wie er zu so einer klaren Position kam, zumal er mit seinem Leben das bestätigte, was er sagte.

Da ich bereits durch das Coaching an der Bibel interessiert war, begann ich ihm alle möglichen Fragen zu stellen. Als Antwort bekam ich jedoch fast nie seine Meinung oder irgendwelche Theorien zu hören, sondern wörtliche Zitate aus der Bibel.

Er schien die ganze Bibel auswendig zu kennen, sprach mit der allerhöchsten Achtung von ihr und bewies mir durch seine Antworten, dass die Bibel auf ganz praktische Lebensfragen konkrete Hilfen geben kann.

Einmal zitierte er einen Vers aus dem 2. Timotheusbrief (Kapitel 4, Verse 3+4): »Denn es wird eine Zeit sein, da sie die gesunde Lehre nicht ertragen werden, sondern nach ihren eigenen Begierden sich selbst Lehrer aufhäufen werden, indem es ihnen in den Ohren kitzelt; und sie werden die Ohren von der Wahrheit abkehren und zu den Fabeln (Mythen) sich hinwenden.«

Diese Worte trafen mich wie ein Hammerschlag. Sie beschrieben treffend meine Situation. Ich hatte mir selbst meine Lehrer nach der Schmeichelei ihrer Lehre ausgesucht: Du bist selber Gott, du bestimmst mit deinem Denken das Universum, du bist schon erleuchtet, musst es nur noch verwirklichen usw. Ich begann unruhig zu werden. Das Gespräch auf dem afrikanischen Campingplatz fiel mir wieder ein. Von da an löcherte ich Gerhard mit noch mehr Fragen ...

Daraus entstand ein gewisser Rhythmus: Freitags vormittags stellte ich auf dem Markt meine Fragen, fuhr mittags nach Hause und bereitete zusammen mit Judith den Hofladen für den Verkauf vor.

Dabei erzählte ich ihr alles, was Gerhard mir gesagt hatte, was wiederum bei ihr und mir viele weitere Fragen hervorrief. Am folgenden Freitag stellte ich alle Fragen und erzählte Judith beim Laden-Einrichten wieder alles, was er mir darauf geantwortet hatte.

Dieses Spiel ging über Wochen. Gerhard untermauerte das, was er sagte, weil er in einer Konsequenz nach der Bibel lebte, die ich bis heute nicht wieder getroffen habe. Nach all den esoterischen Lehrern, deren Leben mich häufig nicht überzeugt hatte, machte Gerhard auf uns einen sehr glaubwürdigen Eindruck.

Nun begann ich vermehrt und intensiv in der Bibel zu lesen. Sie wurde für mich mehr und mehr »lebendig« und ich staunte immer wieder, wie praktisch und lebensnah die Bibel ist. Natürlich verstand ich vieles nicht, aber das konnte ich jeden Freitag oder am Telefon nachfragen. Auch bei solchen Gelegenheiten beantwortete Gerhard unsere Fragen meistens mit anderen Bibelstellen, sodass wir uns relativ schnell recht gut in der Heiligen Schrift auskannten.

Bei alldem beeindruckte mich besonders die Tatsache, dass Gerhard und seine Familie eine so direkte und selbstverständliche Beziehung zu Gott hatten, wie ich es mir immer wünschte. Judith ging es ähnlich, auch sie war immer auf der Suche nach Gott gewesen. Hier schien endlich eine Möglichkeit zu sein, Gott persönlich kennenzulernen.

Lösung durch Erlösung

In unseren Gesprächen am Marktwagen wurde mir schließlich klar: Jesus Christus ist die Lösung! Der mir so ferne Jesus Christus trat plötzlich in einer so konkreten Weise in mein Leben, wie ich es nie geahnt hätte. Ich hatte bis dahin nie überlegt, warum Jesus im Gegensatz zu Religionsstiftern wie Mohammed oder Buddha am Kreuz starb. Konnte es wirklich sein, dass er dort für mich starb – dass er dort die Strafe trug, die ich verdient hatte? Mein Gewissen machte mir (zum Beispiel in meinem Verhalten Rebecca gegenüber) unmissverständlich deutlich, dass ich tatsächlich schuldig war.

Sünde war nicht mehr ein finsteres Konzept aus dem Mittelalter, sondern der eigentliche Grund, warum Gott mir immer so fern und so unbekannt war. Sünde war auch kein theoretischer oder theologischer Begriff, sondern die zusammenfassende Bezeichnung aller dunklen Seiten und Taten im Leben eines jeden Menschen – auch meines Lebens!

An einem Abend, während eines Demeter-Kongresses in Frankfurt, wo ich den Abend-Vortrag schwänzte, schrieb ich dann alle mir bewussten Sünden auf einen Zettel und bekannte sie Jesus Christus im Gebet, dankte ihm dafür, dass er sie für mich am Kreuz auf sich genommen und mir Vergebung geschenkt hat. Ab diesem Zeitpunkt konnte ich beten.

Gerhard gab mir kurz danach auch etwas zum Lesen für Judith mit. In dieser Broschüre wurde eindrücklich erklärt, warum Jesus Christus am Kreuz gestorben ist. Beim Lesen verstand Judith plötzlich, dass Jesus Christus dies für sie getan hatte, um ihre Schuld, die sie vor Gott hatte, wegzunehmen. Damit war die wichtigste Frage beantwortet, die sie jahrelang beschäftigt hatte. Nur kurze Zeit nach mir übergab sie ihr Leben ebenfalls Jesus Christus. Damit ist tatsächlich wahr geworden, warum sie sich damals für mich entschieden hatte: Sie war über den Kontakt, den ich mit Gerhard geknüpft hatte, zum Glauben gekommen. Gottes Wege sind oft sehr erstaunlich!

Einige Zeit später räumten wir unsere Wohnung um und mir fielen die ganzen esoterischen Bücher auf, die das Regal füllten. Beim Durchblättern wurde mir klar, dass praktisch jedes Buch falsche oder sogar zutiefst gotteslästerliche Lehren enthielt. Es verwunderte mich, dass ich das vor Kurzem alles noch geglaubt hatte. Der größte Teil der Bücher landete in der Mülltonne, zusammen mit den homöopathischen Globuli und allen anderen esoterischen Götzen (Buddha-Bilder, Sai-Baba-Fotos, Orgon-Strahler, tibetische Kultgegenstände usw.), die ich angesammelt hatte. Mir war sehr klar, dass ich noch vor Monaten über jemanden wie mich fassungslos den Kopf geschüttelt hätte, und doch war ich gleichzeitig so froh, davon befreit zu sein und ganz einfach, ohne jeden »Hokuspokus« eine echte Beziehung zu Gott haben zu können.

Hiobsbotschaften ...

Erstaunlicherweise begannen dann sehr schwere Zeiten. Judith und ich waren bis auf kurze Ausnahmen immer glücklich miteinander gewesen. Kurz nach unserer Bekehrung begannen wir uns permanent zu streiten – über Monate hinweg. Ich meinte, ich müsste jetzt alles in unserem Leben bestimmen, während Judith als emanzipierte Frau sich nichts sagen lassen wollte.

Gleichzeitig stellte sich auf unserem Betrieb eine Katastrophe nach der anderen ein: Ein halber Hektar Zwiebeln, den wir für den Naturkost-Großhandel angebaut hatten und der unsere Einnahmequelle für den Winter darstellen sollte, verfaulte nach kurzer Zeit im Lager. Dann stellte sich heraus, dass die Kartoffeln, die wir für einen Schälbetrieb angebaut hatten, qualitativ so schlecht waren, dass wir praktisch kein Geld dafür bekommen würden. Anschließend blieb unser Schlepper mit einem Hydraulikschaden auf dem Feld stehen und die Reparaturkosten waren sehr hoch.

So kam eine Hiobsbotschaft nach der anderen, und das, obwohl wir zum ersten Mal zu Gott um gute Erträge gebetet hatten. Zusammen mit den permanenten Streitereien hatten Judith und ich beide den Eindruck, wir stünden kurz vor einem Nervenzusammenbruch.

Zu der Zeit hörte ich oft eine Stimme, die mir einflüsterte, ich solle das mit dem Glauben doch sein lassen, ich würde doch sehen, dass es nichts bringt. Das Argument war nicht von der Hand zu weisen, doch Gott hielt mich in seiner Gnade fest, und nach einigen Wochen hörten die Anfechtungen wieder auf.

Irgendwie haben wir diese Zeit durchgestanden und uns in unserer Ehe neu gefunden. Ich begriff, dass Judith wirklich das Kostbarste war, was Gott mir auf dieser Erde anvertraut hatte, und dass es falsch war, mich so zum Chef hochzuspielen. Sie hatte durch die körperlich schwere Arbeit auf dem Hof viele Belastungen, welche die meisten Ehefrauen nicht haben, und ich lernte, soweit es in meinen Kräften stand, für sie zu sorgen. Ebenso lernte sie im Laufe der Zeit, ihre Rolle als Ehefrau entsprechend der Bibel neu zu definieren, wodurch wir insgesamt sehr glücklich geworden sind. Ein halbes Jahr nach unserer Bekehrung ließen wir uns taufen.

Konsequenzen

Einige Monate später las ich ein Buch über Okkultismus, in dem viele Praktiken erwähnt wurden, die ich betrieben hatte. Ich begann mich ernsthaft zu prüfen, inwieweit ich wirklich frei war von dem, was Geistheilerinnen, okkulte Einweihungen und energetische »Heil«-Mittel in mir bewirkt hatten. Ich betete viel und hatte doch den Eindruck – obwohl gläubiger Christ – von tiefster Finsternis umgeben zu sein.

Also rief ich Gerhard an, erzählte ihm meine Lage und er bot mir an, gemeinsam mit ihm zu beten. Noch am selben Abend fuhr ich dann zu ihm, erzählte ihm meine ganze Vergangenheit und brachte anschließend im Gebet jede Einzelheit, alles was ich kennengelernt und betrieben hatte, vor Jesus Christus mit der Bitte um Vergebung, um Reinigung und Befreiung.

Dort wurde mir auch bewusst, wie viele Menschen ich im Laufe der Jahre mit diesen Lehren verführt hatte, wofür ich ebenfalls um Vergebung bat.

Erst danach hatte ich das Gefühl, wirklich frei zu sein, und begriff, wie ernst die Dinge in den Augen Gottes waren bzw. wie sehr ich dem Satan als dem »Engel des Lichtes« gedient hatte. Ich bin Gott sehr dankbar, dass er mich aus alldem befreit hat.

Im Laufe der Zeit zogen wir uns konsequent von allen Dingen zurück, die mit dem spirituellen Gebiet zu tun hatten. Wo noch Kontakt zu früheren Bekannten bestand, denen ich esoterische Lehren erzählt hatte, meldete ich mich wieder, um ihnen zu sagen, dass diese Lehren falsch waren und ich in Jesus Christus wahres Leben gefunden hatte. Soweit es möglich war, wollte ich meine Schuld an diesen Menschen wiedergutmachen.

Der Austritt aus dem Demeter-Verband führte zu echten Anfeindungen. Die Anthroposophie versteht sich ja als diejenige Lehre, die dank Rudolf Steiners Schauungen erst das echte Bibelverständnis gebracht habe, indem sie die eigentliche geistige Bedeutung der Bibeltexte bereitstelle. In Wahrheit wird dort jedoch ein bibelfremder Gedankeninhalt in die Texte hineingelegt, sodass eine völlig neue Heilslehre entsteht.

Dies war der Hauptgrund unseres Austritts und einige unserer Demeter-Kollegen waren ziemlich sauer auf uns. Rebecca wurde aus der Waldorfschule abgemeldet und kam in die örtliche staatliche Schule.

Mein Verhältnis zu ihr wurde im Laufe der Zeit ebenfalls deutlich besser. Irgendwie begriff ich immer mehr, wie lieblos mein Verhalten war, versetzte mich mehr in ihre Lage und fragte mich, welche Wirkung mein Verhalten auf sie haben musste.

Im Alter von 12 Jahren bekehrte sie sich ebenfalls und seitdem begannen die Fronten »aufzutauen«. Es dauerte noch einige Zeit, aber auch hier hat Gott das erreicht, was ich selbst nie geschafft habe.

Auch unsere Landwirtschaft kam im Lauf der Jahre unter Gottes Segen. Der Betrieb steht inzwischen auf einem recht soliden Fundament, das Geld ist nicht mehr knapp, wir können auch mal in den Urlaub fahren. Nach wie vor gibt es gute und weniger gute Jahre, aber wir können bezeugen, dass Gott uns auch in den praktischen Fragen der Betriebsführung weitergeholfen hat.

Keine Selbsterlösung

Unsere früheren Bekannten konnten unsere »Kurs-Änderung« mit ihren Folgen nicht verstehen. Wir, die bisher für alles offen waren, wurden plötzlich in ihren Augen zu solchen »Fundamentalisten«, bezeichneten Dinge, die wir kurz zuvor noch selbst betrieben hatten, als okkult und böse und sprachen allen Religionen – außer dem biblischen Christentum – ab, dass sie ein Weg zu Gott sein könnten.

Viele unserer Bekannten zogen sich natürlich von uns zurück, was uns oft wehgetan hat. Aus der Rückschau glaube ich aber auch, dass mein Verhalten, dem es oft an Weisheit und Taktgefühl mangelte, häufig nur Kopfschütteln statt Neugierde hervorgerufen hat.

Auf meiner langen Suche nach Gott in den verschiedensten Heilswegen habe ich jedoch erfahren, dass es nur einen Weg zu Gott gibt: Jesus Christus! Alle anderen Religionen bieten mithilfe verschiedenster Praktiken Selbsterlösung an. Aber die funktioniert einfach nicht – wir können uns nicht selbst aus dem Sumpf ziehen!

Letztlich bleiben wir uns selbst ausgeliefert und erfahren immer wieder, dass aus unserem Herzen Lüge, Neid, Streit und Schlimmeres hervorkommt, selbst wenn wir es gar nicht wollen. Eine wirksame Kraft von außen muss die Erlösung an uns bewirken: Nur Jesus Christus kann uns durch seinen stellvertretenden Kreuzestod von unserer großen Schuld vor Gott befreien. Solange wir dieses Geschenk der unverdienten Gnade Gottes nicht angenommen haben, bleiben wir in dem Gefängnis unseres Egoismus.

Andere religiöse Praktiken helfen vielleicht, dass wir es uns in diesem Gefängnis etwas gemütlicher machen oder seine Mauern etwas erweitern. Aber wirklich und dauerhaft frei werden wir nur, wenn wir durch Jesus Christus die Vergebung unserer Sünden und bedingungslose Liebe finden.

Wenn Gott uns durch seinen Geist die Augen öffnet, dann verstehen wir plötzlich, dass zwischen dem Schöpfer und der Schöpfung Welten liegen, dass es einen gewaltigen Unterschied macht, ob man sich dem lebendigen, heiligen Gott zuwendet oder einem Baum – dem Allmächtigen oder einem indischen Guru. Über meine Vergangenheit mit all ihren Verirrungen fand ich in der Bibel eine treffende Beschreibung: »… dass sie die Wahrheit in Lüge vertauscht haben, indem sie dem Geschöpf mehr Verehrung und Dienst dargebracht haben anstatt dem Schöpfer, welcher gepriesen ist in Ewigkeit« (Römer 1, Vers 25).

Und heute …?

Auf dem Wochenmarkt hängt inzwischen auch bei uns ein regelmäßig wechselnder Bibelvers an der Waage und mit meinen esoterisch geprägten Bio-Kunden ergeben sich öfter Gespräche zu diesen Themen.

Unser Betrieb ist inzwischen recht umfangreich geworden, sodass wir als Familie die Arbeit nicht mehr allein bewältigen können. Schafe, Biogemüse, Käserei, Ackerbau und Wochenmärkte fordern den entsprechenden Einsatz, und aus den verschiedensten Ecken sind uns in den 11 Jahren, seitdem der Betrieb existiert, über 100 Praktikanten »zugeflogen«, die uns mal mehr, mal weniger geholfen haben, die Last zu tragen. Diese weiteren »Familienmitglieder« sind, je nach »persönlicher Chemie«, manchmal auch zur Prüfung geworden. Aber sie können uns doch mit unseren Schwächen und

Stärken im Alltag kennenlernen und sehen, dass christlicher Glaube nicht nur ein Mäntelchen für den Sonntag-Vormittag ist. Dass wir sowohl im Umgang mit den Praktikanten als auch insgesamt mit dem Ausleben unserer Glaubensüberzeugungen immer wieder unsere Begrenztheit und Mangelhaftigkeit erfahren, ist sicher auch wahr.

Doch was uns von Herzen dankbar und froh macht, ist die Wahrheit und Realität dieses Versprechens:

»Wenn nun der Sohn (Gottes) euch frei machen wird, werdet ihr wirklich frei sein!« (Johannes 8, Vers 36).

Carina
Traumatische Erinnerungen

Wieder einmal hatte ich mich voller Angst und Grauen mit meiner Schäferhündin unter das Bett verkrochen. Nebenan im Zimmer wütete mein Vater und schlug brutal auf meine sturzbetrunkene Mutter ein, bis sie blutend auf dem Fußboden lag. Die beiden stritten sich sehr oft. Einige Male hatte ich versucht dazwischenzugehen, was meinen Vater allerdings nur noch wütender machte. Der Lärm erreichte bei den ständigen Streitereien und Prügeleien ein solches Ausmaß, dass die Nachbarn bald unsere schreckliche Familiensituation wahrnahmen. Irgendwann schließlich schalteten sie die Polizei ein und erreichten so, dass mein Vater Hausverbot bekam.

Da meine Mutter sehr oft betrunken war und mein Vater nicht mehr zu uns kommen durfte, ergab sich für mich eine traurige Konsequenz: Schon sehr früh im Leben musste ich allein zurechtkommen. Hinzu kam, dass mein fünf Jahre älterer Bruder immer seltener zu Hause war. Er hatte einen sehr guten Freund, zu dem er floh, so oft es nur eben ging. Die Mutter seines Freundes wusste um die Zustände bei uns zu Hause und ließ seine häufigen Besuche deswegen zu.

Nachdem ich als zweites Kind meiner unverheirateten Eltern geboren wurde, war meine gesamte Kindheit geprägt von der Alkoholabhängigkeit meiner Mutter und ihrer unseligen Beziehung zu meinem Vater. Einige gravierende Ereignisse aus meiner Kindheit haben sich mir unauslöschlich eingeprägt.

Als ich etwa fünf Jahre alt war, wurde meine Mutter mit einer Zwangseinweisung zu einer Alkohol-Entziehungskur verpflichtet. Praktisch über Nacht kam ich in ein Heim und konnte noch nicht einmal etwas Kleidung oder sonst irgendetwas für mich einpacken und mitnehmen. Ich habe schrecklich darunter gelitten, auf diese Weise woanders hinverfrachtet zu werden, und empfand es als sehr entwürdigend. Nachdem meine Mutter die Entziehungskur durchgestanden hatte, kam ich zu ihr zurück. Wir durften allerdings nicht mehr in unser altes Zuhause, sondern wurden einfach in einer anderen Wohnung untergebracht.

Unser neues »Zuhause« war eine kleine Wohnung in einer Siedlung, in der ausschließlich sozial schwache Familien lebten. Meine Mutter war über die neue Wohnsituation so enttäuscht, dass sie sofort wieder mit dem Trinken begann. Zu dieser Zeit fand sie sogar in der Nachbarschaft Gesellschaft beim Trinken. Dadurch wurde für mich alles noch viel schlimmer und komplizierter als bisher. Meine Mutter war nicht mehr in der Lage, den Haushalt zu führen, und konnte weder für sich selbst noch für mich sorgen. Es drehte sich einfach alles nur noch um das Verlangen nach Alkohol.

Verkehrte Welt

In dieser verkehrten Welt kochte nicht meine Mutter für mich, sondern ich begann mich für die Mahlzeiten verantwortlich zu fühlen. Nicht sie brachte mich abends ins Bett, sondern ich sorgte dafür, dass sie Schlaf bekam. Sehr oft geschah es, dass sie am Abend nicht nach Hause kam. Dann machte ich mich frustriert auf, um meine Mutter zu suchen und sie aus den Kneipen der Nachbarschaft nach Hause zu befördern. Das geschah manchmal auch mitten in der Nacht. Ich war natürlich mit dieser Situation völlig überfordert und verspürte insgeheim öfters den Wunsch, meine Mutter zu verlassen und in ein Heim oder zu Freunden zu ziehen. Doch meine damalige Sozialarbeiterin ermahnte mich, wenn ich mich bei ihr beklagte: »Du musst nun tapfer sein, denn wenn du jetzt von deiner Mutter weggehst, dann stirbt sie vielleicht, weil sie außer dir niemanden hat!« Ich war sehr enttäuscht über solche Ratschläge und fühlte mich oft leer, verraten und absolut alleingelassen.

Zu meinem Vater hatte ich aber immer noch regelmäßig Kontakt. Er besuchte uns oft, obwohl er das ja eigentlich nicht durfte, blieb dann allerdings nie lange bei uns, weil sonst die Gefahr bestand, dass es wieder zu handfesten Konflikten kam. Sehr bedauerlich fand ich, dass er meiner Mutter nie Hilfe angeboten hat.

Mein Vater war 25 Jahre älter als meine Mutter und schon einmal verheiratet gewesen. Seine erste Frau war gestorben. Aus dieser Ehe hatte er eine Tochter, die ihn allerdings überhaupt nicht leiden konnte. Sie ließ kein gutes Haar an ihm und in all den Jahren habe ich sie niemals etwas Positives über meinen Vater sagen hören. Ich dagegen hatte einen ganz anderen Eindruck von meinem Vater, liebte ihn sehr und fand, dass er ein toller Mann war.

Wenn wir zusammen spazieren gingen, lief er oft mit mir um die Wette oder kletterte an Laternenmasten hoch, um dann mit voller Wucht wieder hinunterzurutschen.

Ich war unwahrscheinlich stolz auf meinen Papa, denn trotz seines hohen Alters – er wurde während des Ersten Weltkrieges geboren – war er total fit. Wenn er mich manchmal von der Schule abholte, riefen die Kinder meistens: »Dein Opa ist da!« Das verletzte mich immer sehr, denn ich fand, dass er überhaupt nicht alt aussah. Wenn ich mir allerdings heute die Fotos anschaue, dann muss ich zugeben, dass sie recht hatten ...

In dieser Zeit wollte mein Bruder unbedingt einen Hund haben, aber mein Vater lehnte das total ab. Dennoch kaufte meine Mutter ihm einen Schäferhund. Mein Vater schimpfte und zeterte heftig, aber als mein Bruder am nächsten Morgen mit dem Hund spazieren gehen wollte, war mein Vater bereits mit ihm unterwegs. Von diesem Tag an waren mein Vater und der Hund unzertrennlich, sehr zum Leidwesen meines Bruders. Solche Widersprüchlichkeiten zeigten sich oft bei meinem Vater: erst schimpfen – und dann doch genießen. Diese Art mochte ich sehr an ihm. Unser Hund wurde schließlich auch für mich ein treuer Wegbegleiter.

Manchmal waren wir am Wochenende in einer Kneipe und mein Vater wollte unbedingt tanzen. Wenn er dann keinen Tanzpartner fand, nahm er sich einfach einen Stuhl als Partnerin. Das fand ich immer ganz besonders originell und ausgesprochen lustig. Oft hat er einfach ein paar alte Schlager angestimmt, sodass alle, welche die Lieder kannten, fröhlich mit ihm sangen. Es war herrlich anzusehen und anzuhören.

Obwohl mein Vater sich bei uns nicht allzu oft blicken lassen durfte, war er sehr um mich bemüht und besorgt, wenn ich bei ihm war. Wenn ich ihn besuchte und ganz nass vom Regen zu ihm hereinkam, nahm er meine Schuhe, stopfte sie mit Zeitungspapier aus und trocknete sie vor dem brennenden Ofen. Ich sollte ja nicht krank werden oder mit diesen nassen Schuhen wieder nach Hause laufen. Abends, wenn er mich dann mit dem Hund nach Hause brachte, haben wir immer einen Weg eingeschlagen, der uns an einem Papagei vorbeiführte, der richtig sprechen konnte. Da blieben wir dann meistens eine Weile stehen, sprachen mit dem Vogel und lauschten gespannt seinen Antworten.

Mein Vater hasste es, dass wir mit dem Rauchen begannen, obwohl er selbst ein starker Raucher war. Mein Bruder wurde ganz zu Beginn seiner »Nikotin-Laufbahn« von meinem Vater beim Rauchen ertappt und drückte die Zigarette schnell in seiner Hand aus, um nicht erwischt zu werden sowie der drohenden Strafe zu entgehen. Obwohl Vater die Rauchwolke sah, hat er dennoch nichts dazu gesagt. Wahrscheinlich fand er, dass mein Bruder mit der Wunde schon genügend gestraft worden war.

Neben den vielen positiven Erinnerungen verblassten die schlimmen Dinge, die mein Vater getan hat – und heute denke ich meistens nicht mehr daran.

Schockierende Diagnosen

Als ich etwa neun Jahre alt war, konnte mein Vater plötzlich und unerwartet nicht mehr von seinem Sessel aufstehen, in dem er saß. Er wurde sofort ins Krankenhaus eingeliefert – dort wurde Krebs im Rückenmark festgestellt. Das war eine niederschmetternde Diagnose. Ich versuchte, ihn so oft wie möglich zu besuchen, aber schon bald ging es ihm so schlecht, dass er gar nicht mehr aufstehen konnte.

Etwa drei Monate nach der Einlieferung ins Krankenhaus starb mein Vater an diesem Krebsleiden. Das alles ging viel zu schnell für mich. Obwohl mein Vater in den Kneipen und bei Freunden die totale Stimmungskanone und sehr beliebt gewesen war, nahmen kaum Menschen an der Beerdigung teil. Außer meiner Mutter, meinem Bruder und mir war nur noch seine Tochter aus erster Ehe gekommen. Niemand sonst nahm Anteil – es war eine trostlose Veranstaltung. Das hat mich sehr geschockt. Besonders schlimm war es für mich, dass meine Halbschwester über den Tod unseres Vaters fast froh war. Obwohl ich für mein Alter schon ziemlich reif war, konnte ich das einfach nicht verstehen.

Durch seinen Tod war für mich wieder eine Welt zusammengebrochen und ich fühlte mich einmal mehr leer und alleingelassen. Denn obwohl mein Vater nie dauerhaft für mich da gewesen war, fehlte er mir doch sehr. In meinem Herzen blieb ein großes, schmerzendes Loch.

Seltsamerweise habe ich über die Herkunft meines Vaters fast nichts mehr in Erinnerung. Wir haben uns wahrscheinlich sehr selten darüber unterhalten. Er hat auch nie mit uns über seine Erfahrungen im Zweiten Weltkrieg gesprochen.

Von meiner Mutter weiß ich aber, dass sie sehr traurig aufgewachsen ist. Sie erlebte als Kind den Alptraum, aus Ostpreußen nach West-Deutschland in ein Mädchen-Wohnheim gebracht zu werden, weil ihr Vater nach dem Tod der Mutter noch einmal geheiratet hatte und die Stiefmutter sie einfach nicht bei sich haben wollte. Meine Mutter machte dann eine Ausbildung zur Köchin und arbeitete in einer Krankenhaus-Küche. Später bekam sie eine Stelle in der Küche eines Heimes, in dem sie gleichzeitig auch wohnte.

Sie war eine hübsche, fröhliche, junge Frau und hatte mit den Freundinnen aus dem Heim eine ganze Menge Spaß, wenn sie gemeinsam zum Tanzen gingen. Bei einem dieser Ausflüge gab es dann die schicksalhafte Begegnung: Meine Mutter lernte meinen Vater in seiner Bar kennen. Sie bändelten miteinander an und nachdem sie eine feste Beziehung hatten, beendete meine Mutter die Arbeit in der Heimküche und arbeitete stattdessen in der Bar meines Vaters als Kellnerin mit. Während der Arbeit kam sie immer mehr mit Alkohol in Berührung, sodass es schließlich zu einer Abhängigkeit kam. Dennoch war meine Mutter bei allen sehr beliebt, sie war immer freundlich und gutmütig ihren Mitmenschen gegenüber.

Wenn Weihnachten vor der Tür stand und sie noch einigermaßen nüchtern war, backte sie ganz oft mit unseren Nachbars-Kindern leckere Plätzchen. Die Kinder begeisterte es sehr, dass sich eine erwachsene Frau so mit ihnen beschäftigte. Meine Mutter war sehr einfühlsam und sensibel, das zeigte sich bei ihr oft durch viele Tränen der Rührung. Wenn wir ihr zum Beispiel ein Geschenk machten, fing sie vor Freude an zu weinen. Als Kind habe ich das nie verstanden, aber seltsamerweise entdecke ich heute diese Charakterzüge sehr stark auch bei mir selbst. Ganz besonders toll fand ich meine Mutter, wenn sie mit mir getobt hat. Aber das kam leider eher selten vor.

Eine andere Qualität meiner Mutter war, dass sie aus den Resten im Kühlschrank ein wahres Festessen zelebrieren konnte. Das hat mich sehr beeindruckt – denn der Mangel an Lebensmitteln war bei uns an der Tagesordnung. Ich hatte sie trotz allem sehr, sehr lieb und suchte das ambivalente Verhalten meiner Mutter zu verarbeiten, indem ich in meiner Mutter zwei unterschiedliche Persönlichkeiten sah. Die eine Persönlichkeit war total vom Alkohol-Missbrauch geprägt, ablehnend, grausam und für mich unerreichbar. Die andere Persönlichkeit, die zum Vorschein kam, wenn sie nüchtern war, zeigte sich lieb, nett und freundlich. Denn wenn meine Mutter getrunken hatte, war sie total wesensverändert. Sie fand nie ein Maß und hatte dann alle Selbstbeherrschung verloren.

Weiter bergab ...

Der andauernde Alkoholkonsum hatte am Ende auch organische Auswirkungen. Sie betrank sich oft so stark, dass sie die Kontrolle über ihre Gesichtsmuskeln verlor. Wenn ich sie dann in ihrem selbst verschuldeten Elend so anschaute und sah, wie ihre Lippen schlaff herunterhingen, dann packte mich eine unerklärliche Aggressivität. In diesen Phasen konnte ich immer besser verstehen, dass meinem Vater oft der Kragen geplatzt war und er meine Mutter brutal geschlagen hatte. Bei diesem Anblick reagierte auch ich schließlich mit Gewalt, um nicht innerlich daran zu zerbrechen. So kam es, dass ich meine Mutter oft schlug, obwohl ich sie so geliebt habe. Das tut mir heute noch so sehr leid. Oft lieferte ich mir mit meiner Mutter buchstäblich heftige Kämpfe um den Alkohol. Ich hatte die Angewohnheit, alle Alkoholvorräte meiner Mutter sofort in den Ausguss zu kippen, sobald ich sie fand. Dann wurde sie ihrerseits sauer auf mich, drohte und schimpfte, um ihren Alkohol zu retten.

Nach solchen Aktionen brauchte ich erst einmal Abstand und lief in ein nahe gelegenes Waldstück. Oft blieb ich bis spät in der Nacht draußen. Dort in der Einsamkeit fand ich ein wenig Ruhe und konnte für das nächste Mal Kraft tanken. Auf eine eigenartige Weise fand ich bei diesen einsamen Ausflügen Frieden.

In dieser Zeit wurden meine Leistungen in der Schule immer schlechter. Ich schlief sehr unregelmäßig und sah ziemlich mitgenommen aus. In der Schule war ich nie besonders gut gewesen und gab mir auch keine Mühe. Zum Schluss ging ich kaum noch hin. Aus heutiger Sicht ist es mir unbegreiflich, dass die Schule nicht auf mein Schwänzen reagiert hat. Bei meiner Mutter kamen keine Rückmeldungen aus der Schule an. Blaue Briefe oder schlechte Noten unterschrieb ich selbst. Die Schule war mir völlig egal geworden und hatte keinerlei Einflussmöglichkeiten mehr auf mich. Ich wollte mein Leben jetzt selbst in die Hand nehmen und das tun, was mir gefiel.

Hunger nach Liebe

Um mein Bedürfnis nach Liebe und Geborgenheit zu stillen, fing ich an, mir Freunde aus meiner Wohnsiedlung zu suchen. Das Erleben zu Hause hatte in mir den Vorsatz reifen lassen, unter keinen Umständen so zu enden wie meine Mutter. Ich war von ihrem Niedergang sehr abgestoßen und wollte völlig anders leben. Die Gründe für ihren Abstieg sah ich neben der frühen Trennung vom Elternhaus und dem Mangel an Liebe vor allem in dem schlechten Umgang, den sie pflegte, und ihrem Nachtleben in den Bars. Doch unbegreiflicherweise schlug ich genau den gleichen Weg ein und ging mit den neuen Freunden in die Kneipen und Discos. Außerdem fing ich immer wieder Beziehungen zu meist älteren Männern an.

Als ich ungefähr 12 Jahre alt war, begann ich schon offiziell zu rauchen – auch zu Hause. Meine Mutter hatte mir einfach nichts mehr zu sagen ...

Da ich recht früh körperlich entwickelt war und viel älter aussah, als ich wirklich war, hatte ich keinerlei Probleme mit Altersbeschränkungen bei Kneipen und Discos. Ich bekam überall Zutritt, wo ich wollte. Doch die Wahrheit war, dass ich in meinem voll entwickelten Körper eine verletzliche, kleine und kindliche Persönlichkeit geblieben war. Deshalb brachte ich zunächst vielen Männern ein blindes Vertrauen entgegen. Zwischendurch hatte ich einen Freund, der fast doppelt so alt war wie ich. Wahrscheinlich sah ich in ihm einen Vater-Ersatz. Dass ein so reifer Mann sich für mich interessierte, machte mich sehr stolz und ich war ihm deshalb auch total ergeben.

Aber auch in dieser Beziehung nahm das Unheil seinen Lauf. Nach einem nächtlichen Ausflug gefiel ihm irgendetwas nicht und er fing an, mich zu schlagen. Zum Glück kam ich aus dieser Geschichte einigermaßen heil raus. Doch letzten Endes lernte ich leider aus diesen Erfahrungen nichts, sondern fiel immer wieder auf solche Männer herein. Ich konnte die Gefahren und Folgen meines Verhaltens in dieser Szene für mein späteres Leben nicht abschätzen.

Der Bruder dieses älteren Freundes, der mich geschlagen hatte, wollte schon lange eine Beziehung zu mir aufbauen und mich seinem Bruder ausspannen. Er versprach mir »das Blaue vom Himmel« und war überzeugt, dass er der bessere Mann für mich sei. Mir gelang es aber, ihn auf Distanz zu halten. Eines Nachts klopfte es an meinem Fenster im Erdgeschoss. Dann stand er vor meiner Tür, war offensichtlich angetrunken und überredete mich, ihn einzulassen. Statt »Nein« zu sagen und ihn zurückzuweisen, öffnete ich einfach die Tür. Dann jedoch wurde mir schnell klar, dass er an diesem Abend nicht gekommen war, um sich nur mit mir zu unterhalten. Er faselte viel dummes Zeug und versprach mir wieder alles Mögliche. Doch was dann geschah, fällt mir immer noch sehr schwer, in Worte zu fassen. Er nahm mich mit Gewalt, missbrauchte mich und ließ mich völlig zerstört zurück. Es war total schrecklich und entsetzlich demütigend.

Für die Geschehnisse in dieser Nacht gab ich mir aber selbst die Schuld. Hätte ich mich nicht so auffällig verhalten, wäre er gar nicht erst auf mich aufmerksam geworden. Außerdem hätte ich ihm ja nicht die Tür öffnen müssen. Natürlich erzählte ich niemandem etwas davon. Ich fühlte mich selber schuldig und wollte mich deshalb nicht beklagen. Eine ganze Zeit lang dachte ich, dass das alles normal wäre, und machte fröhlich mit meinem Kneipen- und Disco-Leben weiter. Aber es war nur eine Maske, eine äußere Fröhlichkeit, denn in meinem Innern spürte ich den Schmerz und die Leere und wollte einfach nur raus aus meinem Leben. Ich sehnte mich so sehr nach einem ganz normalen und gesunden Familienleben.

Meine Sehnsucht erfüllte sich aber nicht, stattdessen begann ich, die Männer zu hassen. Außerdem wünschte ich mir sehr, von dem Elend meiner Mutter wegzukommen und ihren Zerfall nicht länger mitansehen zu müssen. Ich wollte mit meinem alten Leben brechen und ein neues beginnen. Da es zu Hause immer unerträglicher wurde, stellte ich über meine Betreuerin beim Jugendamt den Antrag, in einem Heim wohnen zu dürfen. Das Jugendamt stimmte schließlich zu und so zog ich in ein katholisches Mädchen-Wohnheim. Obwohl es mir fast das Herz brach, meine Mutter allein zurückzulassen, freute ich mich doch über meinen bevorstehenden Neuanfang. Das alles geschah, bevor ich vierzehn Jahre alt war ...

Im Heim

In dem Wohnheim wurde ich sehr freundlich aufgenommen. Das gemeinsame Leben mit den anderen Mädchen und den Erzieherinnen entsprach genau meinen Erwartungen. Es gab täglich warme Mahlzeiten und ich begann, wieder regelmäßig zur Schule zu gehen. Ich war mit einem anderen Mädchen gemeinsam in einem Zimmer untergebracht worden. Wir waren sehr verschieden – sie war eine totale Chaotin, während ich darauf bedacht war, meine Zimmerhälfte ordentlich zu halten. Wenn ich abends in meinem Bett lag, wanderten meine Gedanken oft zu meiner Mutter und dann wurde ich sehr traurig. Ihr Leben, ihr Elend und ihre Situation ging mir natürlich nicht aus dem Kopf. In den ersten Monaten bekam ich keinen richtigen Kontakt zu den Mädchen im Heim – ich war die »Neue« und viel zu brav, ja, geradezu schüchtern.

Die Mädchen dort, besonders solche, die schon lange im Heim waren, verhielten sich sehr aufsässig und absolut respektlos den Erzieherinnen gegenüber. Irgendwie war mir das nicht geheuer und machte mir Angst. Durch Spiel-Abende oder andere gemeinsame Aktivitäten, die mit allen durchgeführt wurden, lernte ich die Mädchen allmählich besser kennen und auch schätzen. Eine von ihnen wurde meine beste Freundin – wir wurden unzertrennlich. Diese Freundschaft hatte allerdings nicht den besten Einfluss auf mein Leben. Es kam immer mehr zu Schwierigkeiten und Konflikten mit der Heimleitung. Denn nun ging ich abends nicht mehr zeitig zu Bett, sondern überlistete die Erzieherinnen und schlich mich trotz des Verbotes während der Nachtruhe regelmäßig aus dem Heim. Gemeinsam suchten wir Discos und Kneipen auf und legten es darauf an, möglichst schnell einen Mann zu finden, der uns an diesem Abend die Drinks und Eintritte spendieren würde. Wir selbst hatten ja kein Geld, um den aufwendigen Lebensstil in den Kneipen zu finanzieren. Die größte Schwierigkeit bestand dann am Ende der Nacht darin, den Mann, der uns wahrscheinlich mit konkreten Erwartungen freigehalten hatte, wieder loszuwerden. Einmal brachten uns unsere »Verehrer« bis fast vor die Haustür des Mädchenheimes. Als wir uns davonstehlen wollten, wurden die Männer laut und machten Krawall. Schließlich gelang uns durch eine Bahnunterführung und die Kellertür die Flucht zurück ins Heim. Manchmal stahlen wir den Haustürschlüssel, um nach einer durchzechten Nacht einfacher ins Haus zu gelangen. Das alles konnte natürlich auf Dauer nicht vor den Erzieherinnen verborgen bleiben und wenn es wieder einmal entdeckt wurde, bekamen wir Ärger. Aber unsere Erzieherinnen waren oft auch sehr verständnisvoll und ließen uns manche Untat durchgehen.

Familien-Ersatz

Da meine familiäre Situation sehr desolat war, wurde ich vom Sozialamt einem Projekt der Caritas zugeteilt, das für sozial benachteiligte Kinder ins Leben gerufen worden war. Über die Sommerferien sollten diese Kinder zu Gastfamilien in die Schweiz kommen, um dort aufgepäppelt zu werden. Das erste Mal war ich im Alter von fünf Jahren bei einer Gastfamilie. Diese Familie hatte gerade ihre fünfjährige Tochter Carina durch eine schwere Krankheit verloren und wollte durch die Aufnahme eines Mädchens aus Deutschland versuchen, die Trauer über den eigenen Verlust besser zu bewältigen. Was muss es für diese Familie ein Schock gewesen sein, als ich ihnen zugeteilt wurde. Ein ebenfalls fünfjähriges Mädchen, sogar mit demselben Vornamen wie die eigene, gerade verstorbene Tochter. Es ist verständlich, dass sie es nicht übers Herz brachten, mich Carina zu nennen. So verpassten sie mir kurzerhand den Namen Kathrin.

Als ich das erste Mal in ihrer Wohnung war, sagte ich trotzig: »Hier esse ich nicht, hier schlafe ich nicht, hier bleibe ich nicht!« Doch dieses Ehepaar hat sich über zehn Jahre lang jeweils sechs Wochen in den Sommerferien ganz hingebungsvoll um mich gekümmert. Wir fuhren zusammen in Urlaub, besuchten Freibäder und waren jedes Jahr einige Wochen auf der Alm, wo sie eine kleine Almhütte hatten. Zu Beginn der Ferien erlebten sie immer eine kleine, bockige Kathrin, die erst durch viel Zuwendung und Liebe nach und nach zugänglicher wurde und auftaute. Das strukturierte Familienleben mit festen Essenszeiten, verbindlichen Terminen und Regeln kannte ich ja überhaupt nicht. Der Sohn der Familie ist mir für diese Zeit ein treuer Freund gewesen, den ich leider zu manchem Blödsinn angestiftet habe.

Schmerzlicher Verlust

Als ich mit 14 Jahren aus dem Urlaub bei meiner Gastfamilie in der Schweiz zurückkam, wartete ich bei der Ankunft des Busses vergeblich auf meine Mutter. Wir hatten verabredet, dass sie mich von der Haltestelle abholt, aber leider war sie nicht gekommen. Zunächst habe ich mir nicht viel dabei gedacht und ging allein zu ihrer Wohnung. Dort traf ich sie allerdings auch nicht an. Um etwas über den Verbleib meiner Mutter zu erfahren, suchte ich den katholischen Geistlichen unserer Siedlung auf. Er kümmerte sich ganz vorbildlich um die Familien und Kinder dieses Bereichs. Er teilte mir mit, dass meine Mutter ins Krankenhaus gebracht worden sei, und brachte mich umgehend in das Mädchen-Wohnheim.

Dort versuchte ich herauszufinden, in welches der vielen Krankenhäuser meine Mutter eingeliefert wurde. Als ich es einige Zeit später endlich herausgefunden hatte, fuhr ich unverzüglich hin. Sie lag auf der Intensivstation und die Schwestern ließen mich nicht zu ihr. Von außen durfte ich durch eine Scheibe ganz kurz einen Blick auf sie werfen. Es war ein trauriger Anblick. Das ganze Elend und die tiefe Not hatten den Menschen gezeichnet, der dort im Krankenbett vor mir lag. Ich war erschüttert und furchtbar traurig über die Entwicklung und fuhr vollkommen verstört wieder ins Wohnheim. Meine Mutter war wegen des übermäßigen Alkoholkonsums zusammengebrochen und befand sich in einem lebensbedrohlichen Zustand.

Am nächsten Tag rief man vom Krankenhaus an und sagte, ich sollte so schnell wie möglich kommen. Da ich keine Fahrgelegenheit hatte, machte ich mich zu Fuß auf den Weg und lief die 2,5 km vom Heim bis zum Krankenhaus so schnell ich konnte. Was würde mich erwarten, welche Nachricht hätte man im Krankenhaus für mich?

Doch ich kam zu spät, meine Mutter war vor wenigen Minuten an den Folgen ihrer Alkohol-Abhängigkeit gestorben. Ich war schockiert, vollkommen fertig und heulte hemmungslos. Im Alter von 14 Jahren stand ich nun ganz allein da. Zukunftsängste quälten mich: Welche Perspektiven hatte ich noch für mein Leben, wenn nun auch meine Mutter – so schwierig es sich mit ihr auch erwies – für immer fortgegangen war? Ich brach zusammen und konnte nicht mehr.

Mein Bruder hatte sich sein Leben ganz gut eingerichtet und lebte mit seiner Freundin in einer schönen Wohnung in der Nähe. Wie aber sollte es für mich weitergehen?

Die Krankenschwestern riefen meine Sozialarbeiterin an, die sofort kam, mich abholte und zum Heim begleitete. Die ersten Tage und Wochen nach dem Tod meiner Mutter verbrachte ich bei meinem Bruder und seiner Freundin. Das gab mir etwas Trost, denn ich konnte dieses schreckliche Erleben mit ihnen besprechen und dadurch besser verarbeiten.

Die Nachfeier, die das Mädchen-Wohnheim nach der Beerdigung im Gedenken an meine Mutter ausrichtete, war für mich eine schreckliche Erfahrung. Die Alkohol-Probleme, die meiner Mutter den Tod gebracht hatten, wurden völlig ausgeblendet – im Gegenteil, meine Mutter wurde noch in den höchsten Tönen gelobt. Die ganze Hilflosigkeit der Menschen angesichts der Sucht und des Todes wurde überdeutlich. Niemand hatte ihr in ihrer Abhängigkeit helfen und dieses Unglück, diesen vorhersehbaren Tod abwenden können.

Beziehungen

In den Jahren zuvor hatte ich ja einige Beziehungen zu meist älteren Männern, die mir aber nichts bedeuteten. Dann lernte ich einen 19 Jahre alten Mann kennen. Ich liebte ihn und setzte große Erwartungen in diese Beziehung. Aber sie erwies sich als sehr kompliziert, da ich als junges, 14-jähriges Mädchen im Heim nicht immer alle Freiheiten hatte, die wir uns wünschten. Die Beziehung war nicht sehr stabil, es gab immer ein Auf und Ab. Die Fragen und Zweifel, die der Verlust meiner Eltern bei mir aufgeworfen hatte, wurden durch diese oder andere Beziehungen nicht beantwortet. Fragen nach dem Sinn des Lebens und nach Befreiung von dieser quälenden inneren Leere, die sich immer mehr in Form einer Depression in mir ausbreitete ... Niemand konnte mir die Fragen beantworten oder mein Leben erklären.

Warum wurde gerade ich in dieses Leben hineingeboren und musste so viel mitmachen, während andere Menschen so viel bessere Umstände erlebten und scheinbar glücklich durchs Leben gingen? Wieso diese erbarmungslose Ungerechtigkeit? Warum ging es gerade mir so dreckig? Doch nach und nach verdrängte ich diese Fragen und stürzte mich wiederum ins Vergnügen, um mich abzulenken und mein Elend zu vergessen.

Ich war ständig darauf aus, die Anerkennung anderer Menschen zu gewinnen und dadurch Befriedigung zu erfahren, um meine innere Leere zu übertünchen. Dieses Verhaltensmuster verfestigte sich immer mehr und wuchs zu einer handfesten Sucht aus. Mein Ziel war es, den Männern zu gefallen, sie anzumachen und mit ihnen zu spielen. Ernsthafte Absichten hatte ich kaum noch. Es war ein gefährliches »Spiel mit dem Feuer« – ein Tanz am Abgrund. Ich legte es förmlich darauf an, Schlimmes zu erfahren, und war überaus unvorsichtig, gepaart mit einem guten Schuss Naivität. Doch anscheinend war da jemand, der auf mich aufpasste ...

Carmen

Als ich 17 Jahre alt war, wurde uns von der Heimleitung angekündigt, dass eine Neue aufgenommen würde. Dieses Mädchen, Carmen, war durch ein hohes Maß an Brutalität und eine totale Überempfindlichkeit gekennzeichnet. Sie war als Kind regelmäßig von ihrem Vater missbraucht worden und hatte bereits etliche Selbstmord-Versuche hinter sich. Dieser besonders schwere Fall machte mich neugierig. Ich wollte unter allen Umständen mehr davon wissen und verspürte den Reiz, dieser Sache auf den Grund zu gehen.

Als Carmen im Mädchen-Wohnheim ankam, sprach sie zuerst kein Wort mit uns. Sie machte einen eiskalten Eindruck und flößte uns wirklich Angst ein. Irgendwann allerdings hatten meine Versuche der Kontaktaufnahme Erfolg und wir kamen uns Schritt für Schritt näher. Carmen wurde schließlich Mitglied unserer Clique und unternahm mit uns einige Ausflüge in unsere Stammkneipen. Durch ihre Schwester, die voll auf Drogen war und sich viel mit okkulten Dingen beschäftigte, kam sie selbst auch an Drogen heran. Sie hatte keine Hemmungen, die weichen Drogen ins Heim zu schmuggeln. Unsere Clique hat dann an verschiedenen Abenden die Drogen auch ausprobiert. Alle nahmen von dem Zeug – nur ich saß dabei und habe nicht konsumiert. Ein nicht zu erklärender Widerstand und eine innere Abneigung hinderten mich daran, ebenfalls die Drogen auszuprobieren.

Bis heute frage ich mich, was oder vielleicht wer mich abgehalten hat. War es die Angst vor einer Abhängigkeit, die meine Mutter so zugrunde gerichtet hatte? Oder gab es sonst jemand, der Interesse an meinem Leben hatte und mich vor schlimmsten Folgen bewahren wollte? So schaute ich also den anderen zu, wie sie sich bekifften und zudröhnten, drehte ihnen Joints, lehnte selbst aber alle Angebote konsequent ab. Unsere Erzieherinnen kamen zu selten in unsere Zimmer, um von diesen Gelagen etwas mitzubekommen.

Es war eine große Dreistigkeit, diese Sessions auf dem Zimmer abzuhalten, aber der Reiz des Verbotenen und des Gefährlichen stachelte uns immer weiter an. Es war ein spannendes Abenteuer, alles so zu arrangieren, dass wir nicht auffielen. Die anderen Mädchen im Heim trauten sich nicht, uns zu verpetzen, weil sie sich vor uns fürchteten. Wir fühlten uns in der bestehenden Hackordnung weit über ihnen, übten Macht aus und beherrschten die anderen Mädels, die scheu zu uns aufblickten. So genossen wir unsere Stellung und die Freiheit. Die Erzieherinnen hatten wir mit Schmeicheleien und Lügen eingewickelt, sodass wir ein großes Vertrauen genossen. Sie haben uns den ganzen Mist, den wir anstellten, einfach nicht zugetraut. Indem wir uns bei ihnen einschleimten, aufmerksam, nett und freundlich waren, hatten wir freie Bahn für unsere geheimen Aktivitäten.

Es war auf der anderen Seite aber auch nicht so, dass wir nur abgebrüht und falsch waren. Viele Mädels im Heim und auch in unserer Clique hatten quälende Fragen, da wir alle nicht auf der Sonnenseite des Lebens geboren und groß geworden waren. Jede von uns hatte ihr eigenes, trauriges Schicksal, ihre eigene, schmerzvolle Geschichte. Drogen, Missbrauch und Verluste hatten unser Leben geprägt und uns im Mädchen-Wohnheim zusammengeführt. Wenn wir über den Sinn unseres Lebens nachdachten, wurden wir regelmäßig sentimental oder frustriert. Wie gerne hätten wir ein anderes Leben gehabt, oder zumindest jetzt die Hoffnung auf ein besseres Leben. Aber es schien auf unsere Fragen keine Antworten zu geben. Wir waren in unserem Elend und unserem Leiden vereint und hatten keine Perspektive für unsere Zukunft.

Die Faszination des Okkulten

Als wir eines Tages wieder einmal resigniert und gelangweilt beieinandersaßen, erzählte Carmen beiläufig, dass es sehr wohl Antworten auf unsere Fragen geben könnte. Wenn wir die Geister dazu befragen würden, könnten sie uns sicher Antworten geben. Wir lehnten diese Spielereien zunächst ab und gingen nicht weiter darauf ein. Carmen ließ aber nicht locker, sondern forcierte ihre Bemühungen. Sie versuchte, uns die Geisterbefragung so attraktiv und spannend wie möglich darzustellen, und bearbeitete uns immer wieder in dieser Weise. Aus Neugier und um Carmens Drängen nachzugeben, haben wir dann schließlich doch zugestimmt. Sie führte dann okkulte Sitzungen mit uns durch. Wir haben zwar mitgemacht, es aber zunächst nicht wirklich ernst genommen. Für uns war es ein unterhaltsames Spiel und über die Auswirkungen machten wir uns keine Gedanken.

Unsere Technik war das Gläserrücken. Um zu testen, wie zuverlässig die Auskünfte des Gläserrückens sind, haben wir uns folgende Vorgehensweise überlegt. Eine von uns stellte eine Frage aus ihrer Vergangenheit, die ganz sicher nur sie selbst beantworten konnte. Um nun der Manipulation vorzubeugen, durfte die Fragestellerin nicht beim Gläserrücken mitmachen, sondern behielt ihre Finger bei sich. Dann legten wir anderen unseren Finger auf das Glas. Das Spiel konnte beginnen. Das Glas bewegte sich nun nacheinander zu verschiedenen Buchstaben, die wir kreisförmig um das Glas herum auf dem Tisch angeordnet hatten. Voller Spannung notierten wir die Buchstaben, die zu Wörtern, Informationen und Auskünften wurden.

Zu unserem Erstaunen und großen Erschrecken gab das Glas die richtigen Antworten auf alle unsere Fragen. Nach Beendigung dieser ersten Sitzung wuchs aber in uns das Verlangen, mehr zu erfahren. Immer wieder befragten wir das Glas. Dieses Verlangen steigerte sich und wurde schließlich zur Sucht. Wir konnten uns ein Leben ohne unser Glas nicht mehr vorstellen. Wir wollten uns immer mehr steigern, die Zuverlässigkeit weiter untersuchen und die Technik verfeinern. Hatten in der ersten Sitzung noch drei von uns die Finger auf das Glas gelegt, so drängte sich uns natürlich die Frage auf, ob das Glas sich auch bewegte, wenn niemand es berührte. So stellten wir unsere Frage und jede von uns legte ihre Hände weit weg vom Glas vor sich auf den Schoß. Was würde passieren? Auf einmal merkten wir, wie das Glas sich ohne äußere Einwirkung bewegte und von Buchstabe zu Buchstabe wanderte. Begierig schrieben wir die Botschaft auf. Die Antwort passte genau. Wir waren schockiert und fasziniert zugleich, begeistert und voller panischer Angst.

Von da an nahmen wir das Glas überall mit hin und machten an den verschiedensten Orten unsere Versuche und Sitzungen. Wir wurden so versiert, dass wir die kreisförmige Anordnung von Buchstaben und Zahlen im Kopf gespeichert hatten und ohne die Schablonen auskamen. Das Gläserrücken praktizierten wir ungefähr ein halbes Jahr.

Doch parallel zu den richtigen Antworten gab es je länger je mehr unerklärliche Phänomene, die immer ausgefallener wurden.

Wir bekamen es mit der Angst zu tun und reagierten nur noch panisch. Am Anfang schlugen nur die Schranktüren. Wir nahmen das nicht ernst, sondern taten es als Zufall ab. Bei einer der letzten Sitzungen war auf einmal die Zimmertür auf unerklärliche Weise verschlossen und wir kamen ohne fremde Hilfe nicht mehr aus dem Zimmer. Andere Mädchen aus dem Heim bemerkten unsere Not und holten Hilfe bei den Erzieherinnen. Bis heute gibt es keine logische Erklärung für die abgeschlossene Tür. Es war kein Streich, keine Nachlässigkeit und kein Versehen.

Durch diese Aktion flogen unsere Sitzungen auf und die Erzieherinnen verboten uns, damit weiterzumachen. Wir waren selbst durch diese unheimlichen Begebenheiten so geschockt, dass wir uns davon distanzieren wollten. Alpträume und Ängste waren die quälenden Neben- und Nachwirkungen. Glücklicherweise nahmen die Träume und Panikattacken mit der Zeit langsam wieder ab. Doch auch noch viele Jahre später hatte ich furchtbare Alpträume und wachte oft nachts schweißgebadet von diesen schrecklichen Träumen auf. Später wurde mir bewusst, dass viele Menschen mit solchen Erfahrungen nicht zurechtkommen, dadurch psychisch krank oder in den Selbstmord getrieben werden. Ich bin zutiefst dankbar, dass meine gefährlichen Einlassungen in das Reich der Finsternis nicht in einer Katastrophe endeten.

Die Erfahrungen der Erzieherinnen mit unseren Drogen-Exzessen und den okkulten Sitzungen brachten das Fass zum Überlaufen. Die Heimleitung machte Carmen für diese Entwicklungen verantwortlich, setzte sie auf die Straße und erteilte ihr Hausverbot. Sie war mittlerweile über 18 Jahre alt und sollte allein die Verantwortung für ihr Leben übernehmen. Doch uns schien das ungerecht, hatten wir doch alle an den Aktionen teilgenommen und Carmen war eine der Unsrigen geworden. Wir konnten das nicht so ganz einsehen, dass sie allein zur Rechenschaft gezogen wurde.

So beschlossen wir, sie wieder in unsere Mitte aufzunehmen, und schleusten sie heimlich in das Mädchen-Wohnheim ein. Da Carmen keine alternative Bleibe hatte und sie sonst auf der Straße hätte leben müssen, versteckten wir sie über mehrere Wochen im Dachboden. Die Köchin war eingeweiht und reichte uns bei den Mahlzeiten heimlich Extraportionen für Carmen. Es waren spannende und abenteuerliche Wochen.

Irgendwie kam die Heimleitung schließlich doch dahinter, dass eine zusätzliche Person im Haus war. Da wir Carmen aber sehr gut versteckt hatten, konnten die Erzieherinnen sie zunächst nicht finden, obwohl sie vom Keller bis zum Dachgeschoss das ganze Haus auf den Kopf stellten. Erst der Mann der Heimleiterin konnte als Bauingenieur die Gebäudepläne lesen und mit der Wirklichkeit vergleichen. Er kam uns auf die Schliche und entdeckte Carmen in einer Nische auf dem Dachgeschoss. Sie wurde dann unter Aufsicht der Polizei aus dem Haus gebracht und massiv an das bereits ausgesprochene Hausverbot erinnert. Wir alle waren jetzt sehr eingeschüchtert und hatten keinen Mut mehr für ähnliche Aktionen. Carmen hatte von nun an keine Wahl, als auf der Straße zu leben.

Problem-Beziehung

Carmen spielte aber auch noch auf eine ganz andere Weise eine gravierende Rolle in meinem Leben. Kurz nachdem Carmen zu uns ins Mädchen-Wohnheim gekommen war, hatte sie uns mitgeteilt, dass sie eine Lesbe sei. Wir nahmen es zur Kenntnis und waren als Clique sehr tolerant. Sie spürte von uns keine Ablehnung. Auch ich hatte keine Berührungsängste, da meine Halbschwester in einer homosexuellen Beziehung lebte und mir die Thematik vertraut war. Im Gegenteil, ich wurde sogar mehr und mehr aufgeschlossen und der Gedanke an Neues und Unbekanntes reizte mich. Und so geschah es, dass ich eine Beziehung zu Carmen zwar nicht suchte, sie aber dennoch zuließ.

Für sie war diese Entwicklung viel wichtiger als für mich, denn sie setzte ihre ganze Hoffnung auf mich und unsere Beziehung. Sie hatte schon lange keine vertrauenswürdige Bezugsperson mehr gehabt und klammerte sich daher sehr stark an mich. Dadurch war ich einem Erwartungsdruck ausgesetzt, der es aus meiner Sicht einfach nicht zuließ, die ganze Sache wieder zu beenden.

Ich war mit der Beziehung und der komplizierten Situation überhaupt nicht zufrieden. Am liebsten hätte ich alles wieder rückgängig und ungeschehen gemacht und wollte ausbrechen. Aber leider war ich in eine Abhängigkeit geraten, aus der ich mich nicht mehr so einfach selbst lösen konnte. Ein Druckmittel von Carmen war die Androhung von Selbstmord. Einmal hatte sie sich sogar in meiner Gegenwart die Pulsadern aufgeschnitten. Sie drängte sehr darauf, dass ich mich in der Öffentlichkeit, zumindest in unserer Clique, zu ihr bekannte, was mir außerordentlich schwerfiel, da ich mich in dieser Rolle überhaupt nicht wohlfühlte. Einerseits wollte ich sie nicht länger belügen, hatte aber andererseits Angst, dass eine Trennung bei ihr zu einer Katastrophe führen könnte. So ging es dann irgendwie immer weiter, ohne dass ich glücklich dabei wurde. Darüber hinaus stritten wir uns sehr häufig. Als Carmen dann aus dem Heim geworfen wurde, hatte ich die stille Hoffnung, dass durch die räumliche Trennung unsere Beziehung ein Ende finden würde. Aber unsere Verbindung überdauerte auch diese Phase.

Einschneidende Erlebnisse

Kurz nachdem Carmen von der Heimleitung auf die Straße gesetzt wurde, fand in der Innenstadt eine eher ungewöhnliche Straßenveranstaltung statt: Eine Gruppe von Christen warb auf einem belebten Platz für den christlichen Glauben. Sie hatten ein Zelt aufgebaut, eine Tee-Station errichtet und sprachen sehr offensiv wildfremde Menschen in der Stadt an. Dabei kamen sie immer wieder mit den unterschiedlichsten Leuten in eine Unterhaltung über Gott und die Welt. Das taten sie eine Woche lang den ganzen Tag. Abends gab es in dem Veranstaltungszelt Vorträge zum christlichen Glauben. Während des Missionseinsatzes fiel Carmen auch einem der Christen auf, da sie sich ständig in der Nähe des Busses auf dem Stadtplatz aufhielt und auf den Parkbänken übernachtete. Nach anfänglichen Berührungsängsten kamen sie ins Gespräch. Für die Mitarbeiter bot die Gemeinde Mahlzeiten in den Gemeinderäumen an – auch Carmen nahm recht bald daran teil.

Uns fiel auf, dass wir sie in dieser Zeit plötzlich nicht mehr auf der Straße antrafen. Bei unseren Rundgängen durch die

City konnten wir sie nirgends entdecken. Später tauchte sie dann aber bei uns auf und schleppte uns zu den abendlichen Vorträgen in das Zelt.

Wir reagierten eher reserviert und zurückhaltend, kamen aber durchaus auch mit den Christen über Gott ins Gespräch. Erst Wochen später realisierte ich, was in dieser Woche mit ihr geschehen war. Außerdem hatte Carmen in dieser Zeit eine »neue Familie« gefunden, die sie auch bei sich aufnahm.

Carmen vertraute sich schließlich der Familie, bei der sie nun wohnte, bezüglich der Beziehung zu mir an. Der Vater riet ihr, die Verbindung zu beenden, und untersagte ihr den weiteren Kontakt zu allen Mädels aus dem Mädchen-Wohnheim – insbesondere natürlich zu mir. Die Familie wohnte nur ungefähr fünf Minuten zu Fuß von unserem Heim entfernt. Und immer wenn die Mitarbeiter der Straßen-Events von der Gemeinde in die Stadt zum Missionszelt marschierten, kamen sie praktisch an der Haustür des Heimes vorbei. Es waren wirklich sehr ungünstige Bedingungen für eine konsequente räumliche Trennung. Weder Carmen noch wir hatten zu der Zeit Verständnis für die Maßnahmen und für das Verbot, uns zu treffen. Deshalb hielten wir uns alle nicht daran und verbrachten manchen Abend zusammen mit ihr und der gesamten Mädchenclique in einer Kneipe. Carmen wohnte nun schon einige Zeit bei der Familie und hatte es dort sehr gut angetroffen, denn die Leute kümmerten sich vorbildlich um sie. Oft wurde sie direkt aus der Gaststätte, in der wir gemeinsam die Abende verbrachten, von ihrer Pflegefamilie abgeholt und nach Hause gebracht.

Wir hatten wenig Verständnis dafür und belustigten uns darüber. Wenn Carmen wieder einmal bei uns »ertappt« wurde, ging sie immer brav mit. Heute sehe ich das alles mit anderen Augen – heute verstehe ich die Hintergründe und die Motive. Wir haben es der Pflegefamilie ziemlich schwer gemacht, ihr zu helfen. Carmen hielt es allerdings nicht lange bei der Familie aus und bekam die Gelegenheit, für eine Übergangsphase eine Wohnung anzumieten. Die Person, die ihr die Wohnung überließ, ging wegen einer Geschlechtsumwandlung zu einer Therapie ins Krankenhaus. Für die Zeit des Krankenhaus-Aufenthaltes und der anschließenden Reha versuchte die Person ihre Wohnung zu vermieten. Carmen überredete mich, mit ihr dort einzuziehen. Ich gab ihrem Druck nach und verließ das Heim im Alter von 17 Jahren. Die Erzieherinnen hatten praktisch keine Handhabe, meinen Auszug zu verhindern.

Leider fielen wir wieder zurück in alte Verhaltensweisen und ließen unsere Beziehung wieder aufleben, die eine ganze Zeit geruht hatte. Carmen war von allen Seiten angefochten. Auf der einen Seite zog es sie in das christliche Umfeld, auf der anderen Seite wollte sie mich nicht aufgeben.

In dieser Zeit begann auch ich die christlichen Bücher zu lesen, die Carmen mitbrachte, und fing an, über Gott und meine Beziehung zu ihm nachzudenken. Ich kam ja selbst mit meinem Leben überhaupt nicht zurecht und wollte unbedingt eine Veränderung. Sollte sich hier nach den verschiedenen, unbefriedigenden Männerbeziehungen, dem Kneipenleben, den okkulten Erfahrungen und dieser unsäglich traurigen Beziehung ein neuer Weg, ein Ausweg für mich auftun? Ich litt unter der Beziehung zu Carmen, konnte mich aber selbst nicht befreien. Nach den vielen Männer-Bekanntschaften hatte ich die Schnauze voll und meine Hoffnung auf diese Beziehung gesetzt. Aber ich merkte immer deutlicher, dass irgendetwas Grundlegendes nicht stimmte, mein Gewissen mich ständig quälte und meine Hoffnungen sich nicht erfüllt hatten.

Alles war noch chaotischer und komplizierter geworden –

meine Wünsche blieben unerfüllt und ich blieb leer zurück. Mehr und mehr wurde mir bewusst, dass Glück, Zufriedenheit und die Lösung meiner Probleme nicht in meiner Macht lagen, sondern mit Gott zusammenhingen – und dass diese Beziehung nicht dem Plan und Willen Gottes entsprach. Ich sehnte mich so sehr nach einem glücklichen, sinnerfüllten Leben und streckte mich mit großem Verlangen danach aus.

Wie aber konnte ich das bekommen?

Entscheidung am Silvester-Abend

Das Verlangen nach wirklichem Leben und einer Befreiung von meinen Gebundenheiten steigerte sich. Ich fühlte mich mehr und mehr durch meinen Lebensstil dreckig und beschmutzt und wollte so einfach nicht mehr weiterleben. Durch den Kontakt zu Carmens Pflegeeltern war ein gewisses Vertrauen entstanden und ich hoffte, dass ich bei ihnen Hilfe finden würde. Obwohl ich mit der Pflegefamilie nicht immer sonderlich gut zurechtgekommen war, sollten sie mir doch bei dieser wichtigen Entscheidung helfen. Ich wollte es mir dadurch auch nicht zu leicht machen. Sie hatten in der Vergangenheit aus unserer Sicht sehr seltsame Verhaltensregeln und Verbote für Carmen erlassen. Damit kamen wir nur schlecht zurecht, wir fühlten uns zurückgesetzt und diskriminiert. Heute verstehe ich, dass die Familie aus Liebe und Fürsorge für Carmen so gehandelt hat.

Dann kam der Tag, an dem ich meinen schweren Gang antrat: Am 31.12. zog ich los – und mein Weg führte mich zu Carmens Pflegefamilie. Nachdem ich an der Haustür geschellt hatte, ging ich die gefühlten 150 Stufen hinauf. Zu meiner Erleichterung war die Familie allein zu Hause und feierte den Silvester-Abend nicht auswärts oder gemeinsam mit Freunden.

Der Pflegevater von Carmen freute sich sehr, als er von meinem Wunsch hörte. Er nahm sich viel Zeit für mich und erklärte mir noch einmal ganz genau den Weg zur Heilung und Errettung und die Möglichkeit, mein Leben mit Gott und Menschen in Ordnung zu bringen und Frieden mit Gott zu bekommen.

Alles, was mir bewusst wurde, der »Schmutz« meines Lebens, alle Sünden, an die ich mich erinnerte, bekannte ich vor Gott: Mein schuldhaftes Verhalten meinen Eltern, besonders meiner Mutter gegenüber, die Betrügereien, meine okkulten »Gehversuche«, meine unguten Männer-Beziehungen und die belastende Beziehung zu Carmen – den ganzen Dreck meines Lebens schüttete ich vor ihm aus. Ich bat Gott um Vergebung für meine Sünden und bat ihn auch ganz konkret, die Herrschaft und Führung meines Lebens zu übernehmen. Ich wünschte mir sehr, von nun an ein Leben in Reinheit, Ehrlichkeit und Gehorsam Gott gegenüber zu führen. Wie froh und dankbar bin ich, dass Gott mein Gebet erhörte und mir meine ganze Schuld vergab. Er konnte mir vergeben und mich reinwaschen, weil ein anderer, sein Sohn Jesus Christus, meine Schuld auf sich nahm. Nun brauchte ich mich nicht länger schmutzig und betrogen zu fühlen. Nachdem ich einige Stunden bei der Familie verbracht hatte, brach ich dann am Abend wieder auf, um in die gemeinsame Wohnung zu Carmen zurückzukehren. Sie freute sich sehr über das, was mit mir geschehen war.

Ich startete also mit dem neuen Jahr auch gleich in ein »neues« Leben. An diesem Silvester-Abend endete auch endgültig meine ungute Beziehung zu Carmen – wir haben nie wieder damit angefangen. Allerdings verhielten wir uns in den ersten Monaten nicht unbedingt weise, da wir die gemeinsame Wohnung behielten und auch danach zusammen in eine andere Wohnung in der Nähe umzogen. Wir hatten die Gelegenheit, eine möblierte Wohnung in einem Mehrfamilienhaus zu beziehen, und gleichzeitig durch andere Bewohner eine Mitfahrgelegenheit zu einer christlichen Gemeinde. Die Wohnung war zwar etwas altertümlich eingerichtet und die Möbel schon zig Jahre alt, dafür war sie aber komplett ausgestattet und für uns gut bezahlbar. Sogar unsere Katzen durften wir mit in die Wohnung nehmen. Durch den Kontakt zu den Christen, die im Haus wohnten, konnte ich immer meine vielen Fragen zur Bibel und über Gott und die Welt loswerden und eine gute Gemeinschaft genießen.

In dieser Zeit war mir außer dem neu gefundenen Leben mit Gott alles andere unwichtig – ich konzentrierte mich darauf, ihn besser kennenzulernen und auch meine neue »Familie«. Mir war bewusst, dass ich einige Dinge in meinem Leben konkret ändern musste. Unter anderem verursachte mir das Rauchen große Gewissensnöte. Da ich merkte, wie stark die Gebundenheit war und dass ich allein nicht mit dem Rauchen aufhören konnte, bat ich Gott um Hilfe und Befreiung. Er half auf seine Weise: Kurze Zeit später wurde ich von einer heftigen Magen-Darm-Grippe heimgesucht. Ich behielt eine Woche lang nichts bei mir und übergab mich oft. An Zigaretten war in dieser Zeit überhaupt nicht zu denken, allein der Gedanke daran bewirkte Ekel in mir.

Während der gesamten Krankheit rauchte ich also nicht eine Zigarette. Mir wurde schnell klar, dass diese Krankheit Gottes Antwort auf meine Gebete um Befreiung von der Sucht war. Danach fasste ich keine Zigarette mehr an. Auch wenn noch manchmal das Verlangen nach Zigaretten aufkam, blieb ich mit Gottes Hilfe frei von Rückfällen.

Ein halbes Jahr zuvor hatte ich eine Ausbildung zur Arzthelferin begonnen, obwohl ich meine Schullaufbahn eher schlecht als recht zu Ende gebracht hatte. Der Arzt, bei dem ich während der neunten Klasse ein Praktikum machen konnte, hielt sich dennoch an seine Zusage und gab mir die Chance, zur Arzthelferin ausgebildet zu werden. Mit der Ausbildungsvergütung und einer kleinen Waisenrente konnte ich mich ganz gut über Wasser halten.

Erste Schritte

Nachdem mein Leben eine ganz neue Ausrichtung bekommen hatte, wurde das Leben in der gemeinsamen Wohnung mit Carmen immer schwieriger. Die Konflikte mehrten sich und schließlich fasste sie den Entschluss, aus der gemeinsamen Wohnung auszuziehen. Glücklicherweise konnte ich die möblierte Wohnung dann auch allein weiter mieten und kam so weiter zur Ruhe.

Im Haus wohnte ein jung verheiratetes Ehepaar, mit dem ich mich immer besser verstand. Sie waren auch Christen, wir hatten viel Gemeinschaft miteinander, sie kümmerten sich liebevoll um mich und nahmen mich weiter mit in die christliche Gemeinde.

Nach und nach begann Gott, mein Leben und manche Einstellungen zu verändern. Aufgrund meiner eigenen Vergangenheit, ohne »Nestwärme« und ein richtiges Elternhaus aufgewachsen, und wegen meiner verschiedenen Beziehungen konnte ich mir nie vorstellen, selbst eine Familie zu haben. Für mich hieß Familie hauptsächlich Streit, Gewalt, Betrug und Unverbindlichkeit. Die Liebe und Geborgenheit einer gesunden Familie hatte ich ja nie erfahren und konnte mir nicht vorstellen, dass ich es noch einmal anders erleben würde.

Doch Gott tat ein weiteres Wunder und nahm mir meine Vorbehalte gegen das Familienleben weg. Und dann lernte ich in der Gemeinde einen jungen Mann kennen und lieben, der schließlich mein Mann wurde und mit dem ich mittlerweile seit 16 Jahren glücklich verheiratet bin.

Inzwischen hat sich die Familie vergrößert – wir sind dankbare Eltern einiger Kinder und genießen ein glückliches Familienleben.

Im Lauf dieser Jahre geschah noch etwas Erstaunliches. In uns wuchs immer mehr der Wunsch, Gott auch als Ehepaar und Familie intensiver zur Verfügung zu stehen.

Wir beteten mehrere Jahre um Wegweisung in dieser wichtigen Frage. Schließlich antwortete Gott deutlich und schickte uns in eine Arbeit an gefährdeten Menschen.

Heute dürfen wir mit Gottes Hilfe problembeladenen und heimatlosen Menschen ein Zuhause und Lebens-Hilfe anbieten. Dabei sind mir meine eigenen Erfahrungen oft eine große Hilfe, um sie und ihre Nöte besser zu verstehen.

Ich bin Gott so dankbar, dass er mich trotz meiner bedrückenden Vorgeschichte gebrauchen kann. Er hat mir alle Schuld vergeben, mein Gewissen gereinigt, die Wunden der Vergangenheit geheilt, die quälenden Alpträume weggenommen, bedingungslose Liebe, eine neue Familie und echten Frieden geschenkt. Bei Gott ist mein Herz endlich zur Ruhe gekommen und mit ihm kann ich ein erfülltes, glückliches und sinnvolles Leben haben.

»Wo aber die Sünde überströmend geworden ist, ist die Gnade Gottes noch überschwänglicher geworden.« (Die Bibel, Römer 5,20)

Tasso Petalas
Ausgerechnet Medjugorje ...

Die Ausstellung

Sommer 2000. Die Bar an der Hafenpromenade ist sicherlich nicht der richtige Ort, sich um diese Zeit aufzuhalten. Ich habe bereits einiges an Alkohol getankt. Trotzdem schreite ich zielstrebig durch die Tür und setze mich direkt zum Barkeeper auf einen der hohen Stehstühle am Tresen.

Die Bar ist aus rustikalem, massivem Holz geschreinert. Hinter dem Tresen verbergen sich Unmengen an Flaschen jeglicher Sorten feinster alkoholischer Varianten, die sich im dahinterliegenden Spiegel verdoppeln.

Zwischen den Flaschen kann man sich selber spiegeln, wenn man geschickt ist. Ich schaue in diesen Spiegel und ein völlig leerer Blick sieht mich an – ich erkenne meine Schizophrenie aus alter Loyalität und neuer Skrupellosigkeit.

»Ich bin nun mal ein Patriarch und der Herr im Haus, gepaart mit geschäftlichem Erfolg, Ansehen, Einfluss und Macht«, bestätige ich mich selbst und sehe doch die Botschaft menschlichen Versagens im Spiegelbild.

Es ist zwei Uhr in der Nacht. Die Gegend zeigt sich noch sehr belebt. Am frühen Abend sind wir zu dritt losgezogen und ich bin allein übrig geblieben, weil meine Weggefährten morgen schon früh auf die Messe müssen. Wir haben auf dem Messegelände in Saloniki einen eigenen Stand, an dem wir unser Produkt-Portfolio ausstellen.

Ich habe das Privileg des Chefs. Mein Dienst fängt erst am zweiten Tag ab dem frühen Mittag an. Glas für Glas komme ich von »Dimple« über »Black Label« zu »Johnnie Walker« und als Krönung noch zu einigen Ballantines. Ein Whisky jagt den nächsten.

Etwas melancholisch und leicht depressiv sitze ich am Tresen und denke an meine Familie. Immer nur Stress, wenn ich zu Hause bin. Streit, Streit, Streit und andauernde, nie endende Diskussionen. Es geht immer um belanglose Dinge, die eigentlich niemanden interessieren, außer meine Frau. Ich kämpfe jeden Tag mit den wichtigen Dingen des Lebens: Job, Erfolg, Geld, Macht, Anerkennung, Größe. Und meine Frau denkt an nichts anderes als eine zu hohe Hecke im Garten und dass die Kinder neue Kleider und Schuhe benötigen. Und sie beschwert sich, dass ich nie zu Hause bin!

Was will sie denn? Wir haben ein großes Haus, genügend Geld, sie kann alles kaufen, was sie braucht!

Du machst zu Hause die Tür auf und wirst von einem Redeschwall voller Vorwürfe empfangen. Es gibt nichts, was du nicht falsch gemacht hast, und du ahnst nichts davon bis zu dem Augenblick des Vorwurfs.

Und der frustrierende Vergleich mit dem Nachbarn, Freund oder Bekannten, der ja »ein viel besserer Ehemann« ist als ich, muss ohne Widerspruch akzeptiert werden, sonst rollt die zweite Welle von Vorwürfen an.

»Du bist wieder mal zu spät!

»Deine Firma ist dir wichtiger als ich!«

»Du bist nie für mich da!«

»Mit deinen Freunden bist du lieber zusammen als mit mir!«

Jede Erklärung beziehungsweise der Versuch einer solchen Erklärung trifft kein Gehör. Es ist, als ob man gegen eine Wand spricht. Du sagst etwas – und dein Gegenüber reagiert überhaupt nicht!

Verletztes Ego

Aber nun bin ich in Saloniki. Das Klirren meines Eheringes am Glas begleitet meine Gedanken. Ich bin aufgewühlt – wie der Whisky, der wellenförmig im Glas zu sehen ist. Und je beständiger ich auf das Glas klopfe, umso heftiger werden die Emotionen in mir.

»Ich liebe meine Frau, aber liebt sie mich?« Das Glas schickt das Echo des Eheringes an meinem Finger wieder zurück in mein Ohr. Eine Melodie durchpulst mich, als ob eine kunstvolle Variation mir sagen will: »Das ist heute dein Thema, du armes Opfer!«

Immer größer werdende Unzufriedenheit beschleicht mich. Das Gefühl eines Verlustes, welches an Trauer grenzt. Ich steigere mich hinein in die Wirren menschlicher Depression.

»Warum versteht sie mich nicht mehr?« In meinem Kopf schwirrt das unbehagliche Wissen, dass es eines Tages unweigerlich zu einem Eklat kommen wird.

Unsere Ehe haben wir bereits getötet, schon lange bevor ich in diese Bar eintrat. Wie mit einem Messer haben wir zugestoßen, durch gezielte, anklagende, verletzende Worte. Die offenen Wunden des Partners kennt und sieht man ganz genau und kann diese treffsicher anvisieren. Gezielt hineinstechen in die wunde Stelle, bis der Schmerz so tief sitzt, dass er gar nicht mehr weggeht!

»Liebt sie mich?«, wiederhole ich in Gedanken, leise murmelnd. Der Anblick meines Ringes verblüfft mich. Warum trage ich den eigentlich noch? Harmonie haben wir schon lange nicht mehr. Seitdem die Kinder da sind, bin ich in der Priorität weit nach hinten gerückt.

Ich will jetzt gar keine Antwort, da ich mich in der Rolle des Opfers ganz wohl fühle. Schließlich genieße ich dadurch auch einige Freiheiten. Der Job verschafft auch Freiräume, die sehr bequem sind.

Ein wenig depressive Stimmung bestätigt ja die Opferrolle und langsam, ganz langsam glaubt man selbst daran. Die ganze Welt muss mich doch in den Arm nehmen und mir Mut zusprechen. Aber auch nicht zu viel, schließlich soll meine Macho-Rolle ja bestehen bleiben.

Ich sitze düster am Tresen und brenne darauf, mir jede mögliche Frage zu stellen, die wie Säure in mir frisst, tiefer und tiefer und tiefer ...

Der Keeper beugt sich zu mir herüber und fragt, ob alles in Ordnung ist. Ich bestelle noch einen Whisky und werfe das Geld mit einer provozierenden Überheblichkeit passend in Scheinen an den Tresenrand.

Der Barkeeper stellt meinen Whisky auf den Tresen, klopft mir auf die Schulter und flüstert auf Griechisch: »Hey, ich weiß, was du brauchst – ist kein Problem!«

»Wie bitte?«, frage ich etwas erschrocken. Was will dieser Vogel denn jetzt von mir? Bevor ich richtig begreife, was los ist, steht eine bildhübsche, fast unbekleidete Frau neben mir und lächelt mich an.

»Was will denn die jetzt von mir?«, denke ich und weiß im gleichen Moment, was der Keeper geplant hat. Kurz entschlossen hat er käufliche Damen herbeizitiert, um sie mir zu präsentieren. Schließlich will er ja nur meinen Kummer beseitigen. Ich bin in diesem Augenblick sauer, völlig stinkig auf den Kerl, denn er hat damit mein Ego verletzt.

»Was fällt dem überhaupt ein! Ich habe noch nie für eine Frau bezahlt. Weiß der eigentlich nicht, wer ich bin?«, brummel ich halblaut vor mich hin.

Sechs lange Jahre habe ich in einer Diskothek gearbeitet. Das war damals im »Sängerheim« in Schwelm, wo ich aufgewachsen bin.

Jedes Wochenende hatten wir bis zu 1.500 Gäste da. Ich war sportlich trainiert, fand mich gut aussehend und war immer braun gebrannt. Frauen waren für mich wie Ware, die man aussucht. Meine Machtstellung in der Diskothek war groß und mein Ansehen schien unanfechtbar. Ich war gut und genoss das Vertrauen meines Chefs. Das wiederum brachte mich in eine völlig unantastbare Position innerhalb des Hauses.

Wenn ich gut in Stimmung war, spielte ich dort den Kasper und tanzte unter dem Gejohle der Gäste mit 40 Bierkrügen balancierend auf einem Tisch. Gepaart mit meinem Witz und meiner Großmäuligkeit konnte ich mir Dinge herausnehmen, für die andere sofort das Haus hätten verlassen müssen. In Anbetracht dieser Macht war die Verfügbarkeit von willigen Frauen für mich eher einfach.

Und jetzt stellt dieser Typ mir da eine Prostituierte vor! Ich winke ihr mit einer sehr abfälligen Geste ab, drehe mich zum Keeper um und fahre ihn an:

»Was soll der Sch...! Lass mich doch mit meinem Whisky allein!«

Ich bin extrem sauer. Das habe ich in dieser Art und Weise noch nie erlebt. »Was fällt dem Kerl eigentlich ein?« Fluchend murmel ich vor mich hin und gieß mir den Whisky immer weiter in den Rachen. Einige Zeit später hat mich mein Selbstzerstörungstrieb an die Grenze des Erträglichen gebracht. Also gehe ich hinunter, um im stillen Ort sämtliche Sorgen in die Schüssel zu brechen, denn mir ist sehr übel geworden.

Schließlich wanke ich hinaus und setze mich am Rand der Straße auf einen Stein. Der Keeper ist mir gefolgt, da er meinen Zustand besorgt registriert hat. Er winkt einem Taxi zu, das gerade auf der anderen Straßenseite steht, und hilft mir beim Einsteigen.

Ich bin ziemlich hilflos und nicht imstande, meine Arme und meine Beine zu koordinieren. Lediglich mein Kopf funktioniert noch einigermaßen.

Es ist bereits spät am Morgen und das Taxi bringt mich ins Hotel. Ich wanke ins Hotelzimmer und falle angezogen auf das gemachte Bett.

»Liebt sie mich?«

Meine letzten Gedanken kreisen wie der Ventilator des Hotelzimmers über mir. Ja, ich liebe sie, meine Frau! Erinnerungen kommen in mir hoch, schöne Erinnerungen ...

Ich denke an den Tag, an dem ich ihr einen Heiratsantrag machte, hoch oben auf dem Gipfel eines Berges in Österreich. Ein Lächeln überkommt mich ...

Schöne Erinnerungen ...

Damals – 1994. Wir standen auf der Gerlossteinwand am Gipfel des Berges. Ich wollte ihr einen Ring zeigen, den ich seit ca. vier Wochen mit mir herumtrug. Einfach in Gold gehalten, aber sehr eindeutig.

In der letzten Zeit hatte sie öfter das Thema »Heiraten« angesprochen, aber ich hatte immer abfällig abgewunken und dumme Bemerkungen dazu gemacht. Das provozierte sie natürlich und das wiederum gefiel mir. Des Öfteren schwieg ich auch zu diesem Thema, um sie nicht zu verstimmen. In den verschiedenen Gesprächen, die wir führten, suchte sie fortwährend Zusammenhänge, die mich in Richtung Heirat drückten.

Bis auf einen leisen Wind war es still und die Aussicht war wunderschön. Man schaute direkt auf das Zillertal und konnte den Ort Zell aus dieser Höhe sehen, mit der Kirche in der Mitte des Ortes. Allerdings schien die Sonne gnadenlos und es war heiß. Kein Schatten in der Nähe und wir hatten nichts zu trinken mit. Der Aufstieg war beschwerlich und wir waren erschöpft.

»Was hast du die nächsten 40 bis 50 Jahre vor?«, fragte ich schließlich etwas provozierend, aber auch unsicher, mit zitternder Stimme. Ich hatte diese Szene hundertmal in meinem Kopf durchgespielt. Immer und immer wieder, aber in diesem Moment ging nichts mehr. Ein völliger Aussetzer.

Meine Nervosität und Unsicherheit verursachten, dass ich extrem unbeholfen war und zu stottern begann wie ein kleines Kind, das sich verlaufen hat und nicht weiß, wo es hingehen soll.

Ich liebte es, Ideen zu verwirklichen, eigene Kreationen zu schaffen, etwas Sensationelles zu bringen, aber jetzt überholte mich die Wirklichkeit. Meine Gedanken schwirrten hin und her und ich konnte mich vor Aufregung nicht konzentrieren. Ich versuchte, mich zusammenzureißen.

»Was meinst du?«, fragte sie mich etwas verwirrt, denn sie begriff nicht, was ich von ihr wollte.

Es ging nicht anders – Worte halfen hier nicht mehr. Ich zog vorsichtig eine kleine Schachtel aus meiner Tasche und öffnete diese. Ein Ring blitzte im Sonnenlicht und das Lächeln der Frau glich einer strahlenden Sonne. Funkelnde Augen schauten mich fragend an:

»Was ist das?«

»Ich weiß nicht!«, erwiderte ich und wir bemerkten, dass wir uns gegenseitig ziemlich dumm stellten. Sekunden der Stille. Wir grinsten beide etwas verlegen.

»Ich wollte dich fragen, ob du mich heiraten …« – kaum ausgesprochen, fiel sie mir um den Hals. »Ja, ja, ja, ja, wurde auch endlich mal Zeit!«, schnaubte sie und drückte mich so fest sie konnte. Es war ca. 15:20 Uhr in Österreich.

Umgehend fuhren wir mit der Seilbahn hinunter, um diese erfreuliche Neuigkeit unserer Familie mitzuteilen, denn wir waren glücklich – und jeder sollte davon erfahren. Ich war ein Mann der alten Schule. Also kaufte ich einen riesigen Blumenstrauß für Connys Mutter, denn ich wollte meine zukünftigen Schwiegereltern um die Hand ihrer einzigen Tochter bitten, so wie es sich gehörte.

Ich zog das Ritual durch wie ein Mann, der zu seinem Wort steht, und bekam als Dank durch ihr Einverständnis meine zukünftige Ehefrau.

Etwa vier Stunden später erfuhren wir, dass mein Vater zwischen 15:15 Uhr und 15:30 Uhr an diesem Tag verstorben war.

Sein sehnlichster Wunsch war es, dass ich endlich Conny heiratete, da er der Meinung war, dass sie die Richtige für mich sei. Ich hatte keine Gelegenheit mehr, es ihm zu sagen! Die Chancen waren verpasst. Nie werde ich ihm diese Entscheidung vermitteln können, da er nicht mehr unter den Lebenden ist.

Während ich aus der Vergangenheit auftauche, kreist über mir an der Decke immer noch der Ventilator und endlich schlafe ich ein. Am nächsten Morgen erwache ich gerädert und verkatert und weiß zuerst gar nicht, wo ich bin.

»Saloniki?« – »Messe?« – »Whisky?«

Alles dreht sich. Ich habe keine Orientierung mehr. In solchen Momenten bereut man fast alles. Der Kopf brummt vor Schmerzen.

»Aspirin«, murmel ich mit einer verrauchten und kratzigen Stimme. »Wo ist die Aspirin?« Düster erinnere ich mich noch an den gestrigen Exzess.

Schließlich verläuft die Messe aber doch geschäftlich zufriedenstellend und wir können wieder nach Hause fliegen, ohne noch einen weiteren Gedanken an diesen Abend zu verschwenden.

Aber meine quälende Unzufriedenheit wächst immer mehr und ich steigere mich innerlich immer deutlicher in die eigene Ablehnung.

»Horror-Erlebnis Flitterwochen«

Wir befanden uns auf der Ferieninsel Fuerteventura, um unsere Flitterwochen zu verbringen. Leider stritten wir uns täglich. Also stand ich eines Nachmittags um 17:00 Uhr am Tresen der Hotelbar.

Es war »Happy Hour«. Für alle Getränke hieß es einmal zahlen und zweimal bekommen. Aber das hatte ich leider vergessen. Ich bestellte ein Bier und bekam zwei Krüge mit je 0,5 Liter hingestellt. Und das im Juni bei ca. 35 Grad im Schatten. Die Hitze war extrem und trieb die Touristen an die Theke.

Auch für mich war die Hitze bedrückend und ich goss mir das erste Bier in den Rachen. Ich war sehr durstig und der Drang nach etwas Flüssigem war groß.

Wellen hilfloser Trauer überkamen mich und paarten sich mit Wut. Langsam trank ich das zweite Bier. Der Tod meines Vaters beschäftigte mich sehr und ein Verdrängen war nicht möglich.

Jetzt war niemand Hilfreiches hier und schon gar nicht meine Frau Conny, denn die schlief oben in unserem Hotelzimmer, nachdem wir uns kräftig gestritten hatten. Noch nie im Urlaub hatte ich um 17:00 Uhr an einer Bar gesessen und Bier getrunken. Doch auf meiner eigenen Hochzeitsreise war es jetzt so weit. Bevor ich weiter über meinen Vater nachdenken konnte, stand ein älterer Herr neben mir und fragte mich:

»Na junger Mann, genießen wir das Bier?«

»Ja, klar, ist nicht mehr viel drin!«

»Schmeckt es denn?«

»Immer besser – wollen Sie auch eins?«

»Unbedingt!«

Wir bestellten beide ein Bier. Leider bekamen wir beide wieder zwei davon und mussten lachen, denn ich hatte mittlerweile jetzt das Bier drei und vier vor mir stehen und begann langsam zu wanken. In angeregter Unterhaltung tranken wir noch weiter und es wurde 18:00 Uhr.

In der Zwischenzeit suchte mich voller Sorge meine Frau und bat ein befreundetes Paar, welches mit uns geflogen war, bei der Suche behilflich zu sein. Sie suchten mich im Pool, am Meer, auf dem äußeren Grundstück, im ganzen Gebäude, aber ich war nirgends aufzufinden.

Irgendwann fragte der Freund: »Haben wir schon an der Bar nachgeschaut?«

»Quatsch«, antwortete besorgt meine Frau. »Da ist er nicht, Tasso geht nicht am Nachmittag in die Bar.«

»Ja, das weiß ich, aber vielleicht ist er doch zufällig dort?«

»Nein, nein, nein, so etwas tut er nicht!«

»Ich gehe jetzt da rein und schaue nach. Schaut ihr da drüben noch einmal nach, wir werden ihn schon finden.«

Der Freund ging hinein und kam nach einer Minute wieder heraus. Sein Gesicht zeigte Sorgenfalten und seine Miene war ernst.

»Jetzt sag mir nicht, dass er da drin ist!«, meinte Conny ziemlich beunruhigt, denn sie befürchtete jetzt das Schlimmste. Ihr Gesicht verriet alles. Er wusste nicht, wie er es ihr sagen sollte, und stotterte: »Doch, und ich benötige Hilfe, um ihn da herauszuholen.«

»Wie meinst du das?«

»Er kann nicht mehr stehen, ich denke, er hat ein wenig getrunken.«

»Wie getrunken?«

»Na getrunken halt, Alkohol!«

»Oh, nein!«

Conny wurde ganz leise und ziemlich blass. Alle drei gingen zusammen in die Bar und holten mich ab, da ich mich nach ca. 2,5 Litern Bier an einem heißen Nachmittag nicht mehr verträglich fand. »Warum hast du das nur gemacht?«, fragte meine Frau.

Unsere Hochzeitsreise war eine komplette Katastrophe. Wir haben uns 14 Tage lang nur gestritten und waren nicht in der Lage, vernünftig miteinander umzugehen.

Zu viele Gedanken bewegten mich und ich konnte sie nicht mit meiner Frau teilen. Das war schrecklich. Oft starrte ich vor mich hin und wollte niemanden an meinen Gedanken teilhaben lassen. Und es war noch so viel zu sagen. Sätze, die ich mich nie traute auszusprechen, da sie Gefühle verrieten. Gefühle, die man als Mann schließlich nicht preisgibt. Und doch hätte ich sie gerne formuliert, ausgesprochen, verständlich gemacht. Es war zu spät, vielleicht für immer ...

Ich hatte gelernt, meine Stimmungen zu beherrschen, mich gelassen zu geben und als »sympathisch cool« darzustellen. Und genau das wurde jetzt zu meinem Problem. Ich konnte aus der Schlinge, die ich selber gelegt hatte, nicht mehr raus, ohne Eingeständnisse zu machen.

Und Eingeständnisse gab es für mich niemals! Ich konnte mit meiner Frau nicht über dieses Thema reden. »Sie ist ja nur eine Frau, wie will sie das denn verstehen?« Die Wahrheit ist: Was immer ich gesagt hätte, ich hätte es schlecht gesagt. Und somit ließ ich es dabei.

Dadurch entstand eine riesige Kluft zu meinen Mitmenschen. Und um diese zu überbrücken, stürzte ich mich in die Arbeit. Die Arbeit lenkte mich ab, zwang mich immer wieder dazu, neue Herausforderungen anzunehmen – und machte mich somit scheinbar glücklich. Schließlich war ich bereits als Kind gewohnt zu arbeiten. Ich hatte mein Heilmittel gefunden. Immer mehr Arbeit und damit vermeintlich mehr Nutzen.

Wie eine Maschine, ein Roboter ohne Gefühle, denn diese waren unerwünscht. Wie ich es als Kind gelernt hatte ...

Eine verlorene Kindheit

Fleiß war schon immer mein Markenzeichen und Arbeit kein Fremdwort. Bereits mit acht Jahren musste ich im Geschäft meines Vaters arbeiten, um mir mein Taschengeld zu verdienen.

Und das fand ich damals klasse, denn dadurch hatte ich mehr Geld als meine Klassenkameraden.

Nach einer Weile begriff ich auch, wie das mit dem Verdienen aussah.

Für eine Tätigkeit, die man erbringt, bekommt man eine Entlohnung. Nichts im Leben ist umsonst und ich musste etwas tun, um sie zu erreichen. Also versuchte ich jede mögliche Arbeit anzunehmen, um immer mehr abzukassieren. Und es funktionierte. Das ging so weit, dass ich Sonnenblumen-Kerne aus dem Geschäft meines Vaters in 100 Gramm-Tüten einpackte, diese mit einem Schweißgerät luftdicht verschloss, um sie für 1 DM in der Schule zu verkaufen. Das war ein voller Erfolg!

Drei Monate lang konnte ich Hunderte von Tüten verkaufen, bis die Lehrer mit meinen Eltern sprachen und baten, damit aufzuhören, weil die Kernschalen in den Klassenzimmern enormen Müll verursachten.

Aber das konnte mich nicht mehr aufhalten. Ich hatte immer wieder die tollsten Ideen, aus dem Geschäft meines Vaters verkaufsfähige Artikel zu produzieren, und trieb dieses Spiel jahrelang.

Mein Vater war richtig stolz auf mich und präsentierte mich als jungen Burschen, der schon in jungen Jahren fleißig und verlässlich arbeitete.

»Schaut euch meinen Sohn an!«, stolzierte er vor Bekannten hin und her.

Nach der Schule hieß es erst Hausaufgaben machen und dann ab ins Geschäft bis zum Abend. Es war genug zu tun. Gleichzeitig war es eine Flucht aus der Umgebung meiner Mutter. Sie war durch eine Krankheit nervlich schwer angeschlagen. Dies äußerte sich in heftigen Schlägen und Prügeln, welche mein Bruder und ich mit voller Wucht zu Hause abbekamen. Man hatte zwei Sekunden Zeit, das zu tun, was von Mutter gefordert wurde. Wenn nicht, kam von irgendwoher der Kochlöffel, der Schuh oder sonstige Utensilien, die meine Mutter gerade in ihren Händen hielt.

Diese stark ausgeprägte Ungeduld und die enorme Gewaltbereitschaft mit körperlichen Auswirkungen auf uns Kinder waren derart unerträglich, dass die Flucht in das Geschäft meines Vaters für mich eher willkommen war.

Jahre später erinnerte mich Tante Koula, die Schwägerin meiner Mutter, an eine Situation, die sie selbst miterlebt hatte: Ich wäre zu ihr gelaufen und hätte freudig erzählt:

»Tante, Tante, heute ist ein toller Tag und ich bin glücklich, denn ich habe heute nur zwei Ohrfeigen bekommen!« Unter Berücksichtigung der extremen Prügel zu anderen Zeiten war dies tatsächlich ein erfolgreicher Tag für mich. Denn Prügel waren an der Tagesordnung und kamen ohne Vorwarnung.

Machtkämpfe

Mit meinem Bruder verstand ich mich gar nicht. Er hatte als der Ältere von uns – wir waren drei Jahre auseinander – die Aufsichtspflicht für mich.

Diese wurde in der gleichen Art und Weise praktiziert, wie meine Mutter sie ausübte: mit roher Gewalt. Wenn man als Kind nichts anderes erwartet, als die nächsten Prügel einzustecken, ist man eines Tages nur noch von einer Ohrfeige zur nächsten Kopfnuss unterwegs. Die Abstände dazwischen werden dann der Maßstab für die wahrgenommene Zeit.

Worin unterscheidet sich denn die Ohrfeige der Mutter von der des Bruders? Ganz klar nur in der psychischen Auswirkung der Auslöser, da der Schmerz an sich bekannt und ähnlich ist.

Die Tatsache aber, dass mein Bruder, welcher selber von unserer Mutter gepeinigt wurde, dies an mich weitergab und das sogar mit Mutters Freibrief, war der Anfang einer komplizierten, negativ-emotionalen Beziehung. Aufgrund der Tatsache, dass ich ein sehr dynamischer, lebendiger Junge war und mein Bruder genau das Gegenteil darstellte, war es für ihn auch ein Machtspiel, was unsere Beziehung betraf.

Ich war frech, lebhaft, offenherzig und konnte auf die Menschen zugehen. Mein Bruder war eher ruhig, verschlossen und schüchtern im Umgang mit anderen Menschen. Deshalb stand er immer in meinem Schatten, wenn wir in der Öffentlichkeit auftraten.

Die einzige Chance für mich, aus dieser Unterdrückung herauszukommen, bestand in der Show, mich selbst in den Mittelpunkt zu stellen.

Mein Bruder – durch seine Persönlichkeit immer mehr in die Ecke gedrängt – kannte nur diesen einen Weg der Machtausübung, um beweisen zu können, dass er über mir stand. Dies war ihm sehr wichtig geworden und meine Mutter machte es ihm vor.

Von einer Gemeinsamkeit oder gar Liebe war in unserer Familie keine Rede. So bekam der Begriff Liebe eine andere Bedeutung, ein anderes Gesicht. Liebe war für mich, einige

Minuten am Tag in Ruhe gelassen zu werden. Oder das Kontern sarkastischer und süffisanter Bemerkungen. Liebe war das Spielen mit der Eitelkeit und zum Schaden der anderen. Liebe war, im Mittelpunkt zu stehen.

Eines Tages besuchte mich mein Freund Olli und wir saßen in meinem Zimmer, quatschten und blödelten, wie es 12-Jährige eben tun.

Plötzlich kam mein Bruder herein, schimpfte mit mir und forderte uns auf zu verschwinden, da er etwas Wichtiges vorhatte. Olli sollte sofort nach Hause gehen. Der Besuch war damit aus seiner Sicht beendet. Oliver wiederum, der zwar mein Leid kannte, aber von zu Hause nicht gewohnt war, derart forsch angegangen zu werden, stellte nun vielmehr meinen Bruder zur Rede, was denn so wichtig sei und warum er denn dies für mich entscheiden könnte.

Aggressiv und unbeherrscht bekam nun Olli eine satte Ohrfeige für die freche Antwort. Völlig normal für mich, bis hierhin. Aus Reflex donnerte jetzt Olli meinem Bruder eine Ohrfeige mitten ins Gesicht. Der Schall dieser Ohrfeige klingt mir heute noch in den Ohren.

Es ging nicht um die Tatsache der Ohrfeige an sich, sondern es ging darum, dass mein Bruder genauso verletzbar war wie ich selber. Ich konnte nur noch mit offenem Mund zuschauen, wie mein Bruder völlig verdutzt zwei Meter nach hinten wankte und sich am Türpfosten festhalten musste. Wie zwei Raubkatzen standen sich beide jetzt mit ernsten Gesichtern gegenüber. Es war nur noch das angespannte Atmen zu hören.

»Nur weil Tasso sich nicht wehren kann, musst du nicht glauben, dass du das mit mir auch tun kannst!«, schnaubte Olli wütend. »Kämpf doch mal mit einem Ebenbürtigen!«

Gut, Olli war zwei Jahre jünger als mein Bruder, aber durch den Sport, den er seit einigen Jahren trieb, war er zu einem kräftigen Jugendlichen herangewachsen und war nur ein bisschen kleiner.

Meinem Bruder wiederum war inzwischen die Lust vergangen, denn seine Wange schmerzte. Sie war feuerrot und er hielt sich das Gesicht mit einer Hand.

»Ich glaube, du solltest jetzt besser gehen«, sprach er wütend in Richtung Olli.

»Komm, Olli, lass uns gehen«, mischte ich mich dazwischen, packte Olli an der Hand und zog ihn hinter mir her nach draußen.

»Was war das?«, fragte ich verdutzt.

»Der braucht nicht glauben, dass er das mit dir machen kann. Du musst ihm endlich einmal beweisen, dass das nicht mehr geht.«

»Wie soll ich denn das anstellen?«

»Hast du doch gerade gesehen, wie das geht. Glaub mir, das macht der nie wieder!«

»Ja, ja, das macht der nie wieder!« Wir lachten zusammen und freuten uns über den geglückten Tag.

Aber zu Hause wuchsen meine Probleme. Ich durfte keine Zeit mehr mit Olli verbringen und das Geschäft meines Vaters benötigte mich auf einmal mehr als sonst.

Die Aggressionen meines Bruders nahmen zu und damit mein körperliches Martyrium. Aber ich hatte gelernt: Man musste nur kräftig genug sein. Das würde reichen!

So fing ich an, Sport zu treiben. Heimlich, damit es keiner sah. In der Stadtbücherei hatte ich mir ein Buch ausgeliehen, wie man ohne irgendwelche besonderen Hilfsmittel seinen Körper trainieren konnte.

Ich sprang Seilchen, machte Kniebeugen und Liegestützen, zog mich am Türpfosten hoch, drückte die Türpfosten auseinander usw. Innerhalb von sechs Monaten war ich sehr kräftig geworden, denn ich trainierte jeden Tag und keiner hatte es mitbekommen. Selbst Olli wunderte sich über meine körperliche Veränderung – wir hatten ja zusammen Sport in der Schule.

Eines Tages erlebte ich meinen Bruder in einer bekannten Situation: Es war mal wieder so weit, dass ich in den nächsten Sekunden eine Ohrfeige, einen Fausthieb oder irgendetwas Ähnliches bekommen würde. Zugegeben, ich hatte ihn diesmal bewusst geärgert, um solch eine Situation herbeizuführen.

Es war schon komisch: Mein ganzes Leben lang hatte ich das Bedürfnis, vor körperlichen Peinigungen davonzulaufen, und jetzt forderte ich diese sogar heraus. Mein Bruder stand mir gegenüber. In der Erwartungshaltung der nächsten Sekunden war er sehr überrascht, dass ich auf einmal ganz anders reagierte. Er flog ziemlich demoliert und unter Schmerzen quer durch den ganzen Raum, während er die Worte hörte:

»Wenn du noch einmal deine Hand gegen mich nur anhebst, schmeiß ich dich aus dem Fenster. Du hast das letzte Mal in deinem Leben einen Schwächeren geschlagen, das allerletzte Mal!«

Seitdem hat er mich nie wieder angefasst, aber unsere Beziehung war jetzt ganz kaputt.

Jetzt gab es gar keine mehr.

Im Rückblick kann ich meinem Bruder keinen Vorwurf machen. Er kannte es nicht anders. Eigentlich war er weder ein aggressiver Mensch noch angriffslustig. Man hatte ihm nur etwas beigebracht, was er besser nie gelernt hätte.

In seinem Freundeskreis konnte ich ihn später als sehr liebevollen und hilfsbereiten Menschen kennenlernen. Er war immer für seine Freunde da und hat sich in seinem Leben Aufgaben gewidmet, welche ich mir nie zugetraut hätte. Die Aufnahme und Pflege eines schwer behinderten Mädchens ist nur eine kleine Geschichte aus seinem Leben. Hier kann ich nur Respekt bezeugen. Dazu gehört eine unglaubliche Portion Mut und Willensstärke und vor allem die Bereitschaft zur Verantwortung.

Er hat seinen Weg genommen und ich meinen. So gingen wir unsere Wege, ohne uns tatsächlich großartig zu begegnen. Der Tod meines Vaters vergrößerte die Kluft zwischen uns noch mehr, da Streitigkeiten in Bezug auf das Erbe auftraten und meine Mutter alles für sich beanspruchen wollte.

An einem Sonntagmorgen klingelte das Telefon und meine Tante war dran. Sie informierte mich darüber, dass mein Bruder morgens um ca. 07:00 Uhr an einer Lungenembolie gestorben war und tot im Schwelmer Krankenhaus lag. Tot!

Keine Gelegenheit mehr, ihm irgendetwas zu sagen. Keine Möglichkeit mehr zur Versöhnung! Es war das zweite Mal, dass ich eine Gelegenheit verpasste, um rechtzeitig das Richtige zu tun ...

Ich besaß zwar die Fähigkeit, Richtiges zu erkennen, aber es dann auch zu tun, dazu hatte ich gar nicht die Courage. Wie ein ausgemergelter Körper, der kriechend Fronarbeit leistet. Und die innere Kälte war immer noch da. Sie drang immer tiefer und riss immer größere Wunden in die schmerzende Seele.

Ausgerechnet Medjugorje

Völlig fassungslos schaute ich in einen Spiegel – etwa 1.800 km von zu Hause entfernt, in einem Land, in dem der Krieg gerade mal seit zwei oder drei Jahren beendet war.

Bosnien-Herzegowina wurde im Krieg sehr stark getroffen. Überall auf der Fahrt hierhin waren zerstörte Häuser zu sehen. Ich befand mich nun in einem kargen Zimmer. Ein einfacher Tisch, ein Stuhl, ein Bett und ein Schrank – alles bescheiden und ohne Komfort. Eigentlich ein Grund, um sofort aufzubrechen und wieder nach Hause zu fliegen, denn ich wollte doch nur für ein paar Tage einen Trip mit Freunden genießen. Womit hatte ich das verdient – als erfolgreicher Unternehmer, der vielen Menschen jeden Tag mitteilt, was sie zu tun haben. Ein starkes Auto unterm Hintern, modernste Anzüge, immer genug in der Tasche – und jetzt das!

Vor zwei Tagen waren wir von Frankfurt losgeflogen, Richtung Split in Bosnien-Herzegowina. Joseph und Thomas, die ich begleiten sollte, nahmen mich mit zu einem Ausflug, den sie »Wallfahrt« nannten.

»Was auch immer das ist«, dachte ich damals, »bloß weg von zu Hause, mal wieder was erleben.« Also packte ich für vier Tage gute Sachen ein und war vorbereitet für einen tollen Ausflug.

Sie sagten nichts, als sie mich am Mittwoch zu Hause abholten, schauten mich aber doch etwas komisch an.

»Lass uns losfahren«, sagte ich zu Thomas, der als Fahrer eingesetzt war, und winkte meiner Frau und meinen Kindern zu – ohne jede Emotion. »Endlich raus«, dachte ich, als das Auto losschoss.

Im Wagen hatten wir viel Spaß, machten Witze, lachten viel und freuten uns über die Reise. Kurze Zeit später sah ich aus dem Fenster – etwas gelangweilt von unserem Geschwätz. Etwas bedrückte mich und brachte mich ins Grübeln.

Plötzlich unterbrach mich Joseph:

»Hast du dir schon mal Gedanken gemacht, dass du nur für dich selber verantwortlich bist?«

»So ein Quatsch!«, erwiderte ich, und wurde doch rausgerissen aus meinen Grübeleien.

»Ich habe Frau und Kinder, für die ich verantwortlich bin!«

Joseph schaute sich um, denn ich saß als Einziger hinten, und lächelte.

»Ich werde es dir bei einer passenden Gelegenheit erklären«, versprach er.

»Er lächelt«, dachte ich, »warum lächelt er«? Ich kannte Joseph nicht so gut wie Thomas, mit dem ich befreundet war. Joseph hatte ich vorher nur ein paarmal gesehen und wir fanden uns sympathisch. Jetzt redet der so ein komisches Zeug. Hoffentlich redet der nicht die ganze Reise über so eigenartig!

In Split angekommen, stiegen wir um und fuhren mit einem Taxi über die Grenze nach Bosnien-Herzegowina zum Ort Medjugorje. In der Zwischenzeit hatte mir Joseph einiges von dem Ort erzählt – er sprach von »Erscheinungen«, einer großen Kirche usw.

Was eine Wallfahrt ist, hatte ich auch noch erfahren, es interessierte mich aber eher aus Neugierde als aus dem Wunsch, irgendetwas Religiöses mitmachen zu wollen.

Na ja – eine große katholische Kirche kannte auch ich ja aus der Vergangenheit. Sie war halt so ähnlich wie die orthodoxe Kirche: viel Gold, mit Gewändern behangene Priester, ein großer Altar mit Kerzen und goldene Figuren usw.

Letztendlich war ich ja ein Christ, oder nicht? Ich ging zwar nicht in die Kirche und Gebete sprach ich auch nicht, aber ich konnte mich bekreuzigen und trug ein goldenes Kreuz, ein Geschenk meiner Oma, die ich sehr liebte.

Außerdem kannte ich die ersten vier Zeilen des »Vaterunser« in Altgriechisch. Sie sind mir in Erinnerung geblieben, weil ich sie als Kind lernen musste.

Die ersten vier Zeilen verstand ich, die Bedeutung war mir klar. Den Rest hatte ich verdrängt, da ich im Kindesalter viele Prügel hatte einstecken müssen, wenn ich sie nicht fließend auswendig aufsagen konnte. Aber die ersten vier Zeilen konnte ich fließend.

»Das ist bestimmt ausreichend, um sich nicht zu blamieren«, dachte ich, und wir Christen müssen ja nun mal ab und zu in die Kirche, oder?

Jetzt war es mal wieder so weit, wir wollten – 1.800 km von zu Hause entfernt – eine Kirche besuchen.

In Medjugorje saß ich nun in unserer Pension. Pension? Das war eine Zumutung! Da war ich nun und blickte weiter in den Spiegel, in dieses leere Gesicht in diesem bescheidensten Zimmer, das ich je in meinem Leben gesehen hatte.

»Das ist unter meiner Würde«, dachte ich frustriert und suchte vergeblich nach einem Fernseher oder Radio. Draußen regnete es in Strömen und ich fragte mich: »... was mach ich bloß hier?«

»In einer halben Stunde müssen wir uns zur Kirche aufmachen«, sagte Joseph laut im Flur – für alle verständlich, da die Wände aus Pappe zu sein schienen.

Ich hatte mir unterwegs einen Regenmantel gekauft. Einen blauen Regenmantel, wie ihn die Radfahrer beim Regen überstülpen und bei dem das Gesicht aus einer kleinen Kapuze herausschaut. Wie ich darin aussah, war mir jetzt egal, denn es war dunkel und hier kannte mich hoffentlich keiner. Also Mantel an und los.

Zehn Minuten später waren wir bei der Kirche. Eine riesige Kirche, in der fast 3.000 Menschen Platz hatten. Schlicht, ohne besondere Vergoldungen, keine gewaltigen Leuchter, ganz anders, als ich die Kirchen sonst kannte.

»Ist das eine katholische Kirche?«, fragte ich vorsichtig Thomas, der neben mir stand und mich daraufhin grimmig anschaute. »Sorry«, reagierte ich, ohne eine Erwiderung abzuwarten, denn mir war klar, dass meine Frage ziemlich dumm war. Wir drängten uns gerade mal einen Meter hinter dem Eingangstor in diese Kirche hinein. Weiter ging es nicht, da die Kirche voller Menschen war.

In diesem Moment begannen die Menschen gemeinsam zu

beten, denn die Liturgie hatte bereits begonnen. Ich drückte mich durch die Menschenmenge wieder nach hinten bis zum Eingangstor zurück, wo ich etwas Platz hatte. In mich gehend, dachte ich nach. Die Behauptung, dass ich nur für mich verantwortlich sei, ging mir nicht aus dem Kopf.

Ich dachte an meine Kinder und meine Frau, die jetzt zu Hause saßen und nicht wussten, was ich gerade tat, und mir wurde bewusst, dass es mir eigentlich auch egal war.

»Ist es mir wirklich egal? Sind mir meine Kinder egal? Ist mir meine Frau egal? Warum hab ich denn geheiratet?«

Die existenziellen Fragen, die mich auf der Hinfahrt gequält hatten, waren wieder da und mir fiel auf, dass diese Fragen sich dauernd wiederholten.

»Bin ich ein Schuft? Bin ich so kalt?«

Diese Prädikate wollte ich nicht für mich in Anspruch nehmen. Und dennoch war ich ein Lump, ein Halunke, ein Schlitzohr, ein Schurke ... Ich beschimpfte mich selber. In den Jahren zuvor hatte ich mich in eine Scheinwelt hineinmanövriert.

Vor Jahren beschloss ich, einen Tasso zu erfinden, der etwas Besonderes sein sollte – auf der Suche nach der höchsten Anerkennung und dem größten Erfolg. Der kleine Tasso wollte nicht mehr der kleine Tasso sein, also musste er allen beweisen, dass er der Größte war.

»Und was hab ich tatsächlich getan?« Tränen drängten aus meinen Augen, ich konnte sie kaum zurückhalten.

»Bloß raus hier, sonst sieht mich noch einer. Das kann doch nicht wahr sein, was jetzt hier passiert. Also los, Flucht nach draußen.«

Ich ging vor die Tür in den strömenden Regen und konnte nicht aufhören, über meine Kinder nachzudenken. Maria, meine Jüngste, war gerade mal ein paar Wochen alt, Nassia, die »große« Schwester, war noch keine drei Jahre und ich hatte nichts Besseres zu tun, als einen »Trip« zu machen. Schließlich weinte ich bitterlich, während ich mit mir selbst haderte.

»Hoffentlich sieht das keiner«, dachte ich wieder. Was sollen die Menschen von mir denken? Total peinlich!

In der Kirche beteten die Menschen und ich konnte es draußen hören. Ich hörte die Gebete, aber ich kannte sie nicht. Plötzlich schoss mir etwas durch den Sinn:

»ΠΑΤΕΡ ΗΜΟΝ Ο ΕΝ ΤΟΙΣ ΟΥΡΑΝΟΙΣ«

»ΑΓΙΑΣΦΗΤΩ ΤΟ ΟΝΟΜΑ ΣΟΥ«

»ΕΛϑΕΤΩ Η ΒΑΣΙΛΕΙΑ ΣΟΥ«

»ΓΕΝΗϑΗΤΟ ΤΟ ϑΕΛΗΜΑ ΣΟΥ« – die ersten vier Zeilen des »Vaterunser« in Altgriechisch.

»Gott, was machst du mit mir!«, dachte ich und während ich nachdachte, ging das Tor auf und eine gewaltige Menschenmenge kam aus der Kirche auf mich zu. Ich ging zur Seite, aufgescheucht von den Massen.

In diesem Moment kam Thomas an meine Seite, fasste mich am Arm und sagte: »Komm!«

Er sah mich an und ahnte, was mit mir los war. Dann nahm er mich in den Arm und ging ein paar Schritte mit mir. Das war mir total peinlich, denn ich hatte noch Tränen in den Augen. »Das macht nichts«, sagte er leise zu mir.

»Nur starke Männer weinen – die anderen sind schwach!« Peinlicher ging es nicht mehr. Jetzt sprach er mich auch noch darauf an.

Das sind diese Momente, in denen man am liebsten im Boden versinken würde. Da stand ich nun in meiner totalen Verwirrung. »Was ist los mit mir? Ich bin doch da, hier und jetzt, oder nicht?«

»Was ist? Gehen wir jetzt zu unserer Unterkunft?«, fragte Joseph und ging bereits ein paar Schritte.

»Reiß dich zusammen, du bist doch kein Schwächling.

Also los jetzt«, murmelte ich, um mich selbst zu beruhigen. Wir gingen in unsere Unterkunft und verbrachten den Abend mit einigen Geschichten aus unserem Leben. Da der erste Tag sehr anstrengend war, gingen wir früh ins Bett. Aufgewühlt von all den Gedanken und den damit verbundenen Problemen konnte ich nur schwer einschlafen.

Auf dem »Kreuzberg«

Am Morgen fühlte ich mich so, als ob ich die ganze Nacht gesoffen hätte. In meinem Kopf war ein Gewirr aus Höhlen und Gängen. Wirr und undurchdringlich und kaum zu sortieren; aber am Frühstückstisch erschien ich mit einem Lächeln auf den Lippen, denn ich wollte nicht durchschaut werden.

Der zweite Tag verlief ohne großartige Ereignisse. Wir besuchten zwei Berge, die in der Nähe waren. Den Marienberg und den Kreuzberg.

Beide Berge waren sehr unwegsam und voller gefährlicher, scharfkantiger Felsvorsprünge. Das Gehen war sehr mühsam und jederzeit war man mit der Gefahr konfrontiert, umzuknicken oder sich beim Ausrutschen das Bein zu brechen.

An bestimmten Abschnitten des Weges wurde gebetet. Da ich nicht mitbeten konnte, betete ich permanent die vier Zeilen, die ich aus dem »Vaterunser« kannte und die mir am Tag zuvor eigenartigerweise durch den Kopf gingen.

Es ist schon seltsam, dass man Gelerntes aus der Kindheit in bestimmten Situationen tatsächlich abrufen kann, obwohl man es eigentlich seit Jahren nicht mehr benutzt hat. Zwischen den einzelnen Gebeten, auf dem Weg hinauf, fing ich wieder an, über meine Familie nachzudenken, über meine Arbeit und über mein Leben.

Da waren sie schon wieder – Gedanken, für die ich eigentlich nicht hergeflogen war. Ich wollte einen Trip machen und mich nicht als schuldigen Täter in Bezug auf mein eigenes Leben fühlen. Ignoranz und Verdrängung halfen nicht, also musste ich in die Konfrontation. Schließlich fühlte ich mich rhetorisch und dialektisch in Bestform, mit einer psychologischen Grundausbildung und der Fähigkeit, alles und jedes in seine Einzelteile zu zerpflücken, zu zerlegen und wieder nach eigenem Bedarf passend zusammenzustellen. Eben hervorragend ausgerüstet.

Also Angriff nach vorne und alle Gedanken begründen, Erklärungen finden und aus jedem Sachverhalt Positives rausholen. »Na also, geht doch«, dachte ich und legte mich abends zur Ruhe. Jetzt wird die Reise doch noch schön.

Am nächsten Morgen kaufte ich mir ein Buch, da ansonsten keine wirkliche Abwechslung da war. Ich schnappte mir ein gut aussehendes Exemplar, ohne den Titel zu beachten, in der Hoffnung, etwas in Deutsch lesen zu können.

Bedächtig las ich in dem Buch die Gebete mit Erklärungen, welche eigentlich keine waren und mich eher noch mehr irritierten. Plötzlich setzte sich eine alte Frau neben mich auf die Bank. Sie fragte, ob ich etwas kaufen wolle, zum Beispiel einen Rosenkranz, und hielt mir einen hin. Dabei erzählte sie mir in ihrem gebrochenen Deutsch, dass ihr Mann im Krieg gestorben sei und dass sie dringend Geld benötige.

Ich fühlte mich unwohl und bedrängt, stand auf und ging ohne ein Wort davon.

Mein Anliegen war es, in dem Buch zu lesen und mich nicht mit solch unschönen Dingen auseinanderzusetzen. Zudem hielt ich Bettler für schlechte Menschen, die mir nur das Geld abschwatzen wollten. Nach geraumer Zeit kam ich an den Fuß des Kreuzberges, wo sich ein Café befand.

Dort standen jede Menge Busse aus aller Herren Länder, was man anhand der Schilder und der Länderkennzeichen erkennen konnte. Mich beeindruckte diese Menge an Menschen, die alle diesen Berg besteigen wollten. Ich setzte mich in das Café und bestellte mir ein Glas Wasser und einen Kaffee.

Dann schlug ich das Buch auf, trank die braun schimmernde Flüssigkeit, welche mir mittlerweile von der Bedienung gebracht worden war, und fing an zu lesen:

»In diesem Buch ist nicht davon die Rede, wie man beten soll, sondern in diesem Buch wird so gebetet, wie jeder gläubige Christ beten sollte, von Herz zu Herz ...«

»Was heißt denn hier ›von Herz zu Herz‹ «, überlegte ich und verstand gar nichts mehr.

»Wenn ich schon mal hier bin, kann ich ja auch einmal hochgehen«, dachte ich und spazierte los, mit zehn Meter Abstand zur vorderen Gruppe, denn ich wollte den gerade gestarteten Trupp nicht behindern.

Der Kreuzberg heißt deswegen so, weil er die Stationen des Leidensweges Christi zur Kreuzigung darstellt. An jeder Station ist eine Tafel aufgebaut, an welcher die Gruppe haltmacht und betet.

Die Serpentinen zogen sich bis zum Gipfel und wieder begann ich meine vier Zeilen zu beten. Plötzlich, vier Stationen vor dem Gipfel, tippte mir jemand auf die Schulter. Ich drehte mich um und sah einer jungen Frau in die Augen. Mit verzweifeltem Blick schaute sie mich an und erklärte mir in ihrem schlechten Englisch und mit viel Gestik, dass ihr Mann im Krieg beide Beine verloren habe und ihre drei Kinder nichts zu essen hätten.

Ich winkte ab, sagte ihr, dass ich ihr nicht helfen könne, und setzte meinen Kreuzweg fort. Ohne über diese Begegnung nachzudenken, betete ich weiter und ging meinen Weg. 50 Meter weiter oben tippte diese Frau mir erneut auf die Schulter und wiederholte ihre Worte, während sie mit Händen und Füßen gestikulierte.

Etwas säuerlich winkte ich erneut ab und setzte wieder meinen Weg fort. »Was will die jetzt von mir?«, fragte ich mich. »Sieht die denn nicht, dass ich bete und den Kreuzweg entlanggehe? Ist es nicht unverschämt, einen Betenden zu stören?«

Ein Zustand der Unzufriedenheit überkam mich, als hätte man mir meine Lieblingssendung im Fernsehen ohne Vorwarnung ausgeschaltet. »Habe ich es nicht verdient, hier in Ruhe zu beten? Diese Bettlerin stört mich dabei und Betteln ist doch sowieso schlecht!«

Verärgert über diese Frau ging ich weiter und betete. Ich hatte kaum angefangen, da tippte sie mir erneut auf die Schulter und schaute mich an. Innerlich aufgebracht und voller Ärger fuchtelte ich mit den Armen und sagte ihr auf Englisch: »Wenn du Hilfe suchst, dann geh doch zum Gipfel!« – denn es war ein großes Kreuz auf diesem Gipfel. »Knie nieder und bete zu Gott, nur der kann dir helfen, ich nicht!«

Der Satz kam zwar direkt aus meinem Inneren, aber ich war gleichzeitig überrascht, wie aufgebracht ich war. Ich schlug das Buch auf und wollte weiterlesen. Das ging aber nicht. Die Buchstaben schwammen wie Fische hin und her und augenblicklich stürmten Gedanken auf mich ein:

»War das jetzt richtig? Du betest zu Gott und schickst die Frau weg?« Quälende Fragen wirbelten durch meinen Kopf: »Bin ich ein Schuft? Bin ich kalt? Ein Lump, Halunke, Heuchler, Schurke ...« – die gleichen Gedanken wie vor der Kirche.

»Gott hilf mir!« Meine Gedanken gingen mit mir durch. Kann es richtig sein, eine Not leidende Frau wegzuschicken und dabei zu beten? Wie konnte ich über Gott nachdenken, beten und einen armen Menschen wegstoßen? Ich dachte über Jesus nach. Die Bibel hatte ich zwar nicht gelesen, aber ich hatte einige Verfilmungen gesehen. Und in diesen Filmen war Jesus Christus einer, der die Menschen liebte.

Ich erinnerte mich an meine Großmutter, die oft über die Liebe zu den Menschen erzählte, und ich dachte an meinen Vater, der mir sagte, dass ich das Gute anstreben sollte.

»Wie kannst du lieben, wenn du eine Frau in Not wegschickst?«

»Was ist, wenn die Frau dir nur das Geld abluchsen will?«

Solche Leute gibt es überall. Wollen nur dein Geld, spielen die Armen und lachen über dich! »Aber ich will nicht, dass man über mich lacht. Ich bin ja jetzt ein ...«

»Oh, wie dumm!«, dachte ich. Das Einzige, was ich gerade tat, war, mein Gewissen zu beruhigen, indem ich mit der Wahrheit verhandeln wollte. Aber die Wahrheit ist nicht verhandelbar! Sie ist unantastbar. Mein ganzes Leben lang hatte ich versucht, die Wahrheit in meiner aufgebauten Scheinwelt selbst zurechtzubiegen. Die Wahrheit war, dass diese Frau weniger hatte als ich. Und ich arroganter Mistkerl schickte sie weg, weil ich angeblich in Ruhe beten wollte!

Bei allen begangenen Heucheleien meines Lebens fühlte ich diese als die schwerwiegendste. »Mistkerl«, dachte ich noch einmal und schaute mich um.

»Wo ist sie? Sie ist weg!«

Ich schaute den Berg hinunter in der Hoffnung, dass sie vielleicht doch noch ein anderes Opfer gefunden hatte und sich somit meine Schuldgefühle relativieren würden. Doch da war niemand. Um mich herum wurde es ganz ruhig. Die Gruppen waren bereits alle den Berg hinuntergegangen. Ich war wieder allein.

Es war Zeit, meine Gedanken einer genauen Prüfung zu unterziehen. Irgendwie hatte ich mir in letzter Zeit angewöhnt, mich selber geistig zu massakrieren. Grenzen meiner Fantasie zu sprengen, welche in ihrer Kreativität einen Exzentriker brauchen.

»War ich exzentrisch?«

Die Versuche, mich zu beruhigen, funktionierten anscheinend. Ich wollte jetzt meinen Gang vorzeitig beenden und hinauf zum Gipfel gehen, von dem ich nicht weit entfernt war. Ich machte ein paar Schritte, bog um die nächste Kurve und schreckte zusammen. In meinem Gehirn entstand eine emotionale Explosion. Oben auf dem Gipfel, am Kreuz, kniete die Frau und hatte die Hände zum Beten gefaltet!

Völlig elektrisiert schaute ich hin. Fast regungslos dachte ich nur noch: »Was ist richtig und was ist falsch?« Ich wusste in diesem Augenblick, dass mein Leben eine Lüge war. Und die Wahrheit war da oben. Ich konnte sie weder ungeschehen machen noch wegdiskutieren. Sie war da. Dort oben kniete die Frau und betete. Diese Frau betete zu Gott, weil sie an ihn glaubte. Ich war neben ihr ein kleiner Wurm. Sie aber kniete und betete. Noch vor einigen Minuten war sie in meinen Augen eine verächtliche Bettlerin, die mich vielleicht bestehlen wollte.

Plötzlich fiel mir wieder ein, was ich noch vor wenigen Stunden gelesen hatte: »In diesem Buch wird so gebetet, wie jeder gläubige Christ beten sollte, von Herz zu Herz ...«

Wo ist mein Herz und meine Liebe zu den Menschen? Zu beten, aber nicht zu verstehen, was dies bedeutet, ist Heuchelei.

»Wie kann ich über Liebe sprechen, wenn ich nur mich selber meine? Das geht doch nicht? Wofür bete ich denn eigentlich und zu wem?«

Mein ganzer Erfolg, mein Geld, meine Persönlichkeit, meine Macht, alles war unwichtig, denn das Wesentliche im Leben hatte ich nicht verstanden. Das wusste ich jetzt, aber ich wusste nicht, was ich verstehen sollte. Anstelle der Antworten kamen immer mehr Fragen ...

Ich wurde unruhig, ging schnellen Schrittes hinauf zum Gipfel und kniete mich neben sie. In der Zwischenzeit hatte ich einen Geldschein aus meiner Tasche gezogen, rollte diesen zusammen und drückte ihn ihr in die Hände.

Mit geweiteten Augen schaute sie mich an, fassungslos und ohne Worte. Tränen liefen ihr die Wangen hinunter und ich weinte auch.

Innerlich entkräftet weinten wir zusammen kniend vor dem Kreuz. Ich betete die vier Zeilen und sprach leise: »Herr, gib dieser Frau die Kraft, ihr Leben in den Griff zu bekommen. Hilf ihr und ihrer Familie, bitte, bitte, bitte ...«.

Ich kannte noch nicht einmal ihren Namen. Sie stand auf und ging davon. Ich habe sie seither nie wieder gesehen.

Doch mir wurde bewusst, dass mein ganzes Leben falsch war. Aber ich hatte den Eindruck, dass sich vor mir eine Tür öffnete. Die Finsternis, in der ich irrte, wurde plötzlich erhellt. Die Welt der Lebenden hatte mich gefunden.

Ich fühlte mich in diesem Augenblick wie befreit. Irgendjemand hatte mir eine Tür aufgemacht und ich kam in die Freiheit. Ein Gefühl voller Glück und Leben. Aber ich wusste nicht warum.

Warum diese Tür und warum ich?

Ich begann mit Gott, meinem Gott, zu reden. Er war für mich da. Für mich! Ich konnte »mein Gott« zu ihm sagen, es war unglaublich!

Die Wahrheit musste jetzt offenbar werden. Alle meine Missetaten und meine schlechten Gedanken. Jetzt war die Zeit der Abrechnung, als ob ich vor Gericht stand und mich für meine Taten verantworten musste – und das freiwillig!

Ich hätte auch aufstehen und den Berg hinuntergehen können. Alles ignorieren, als »nicht gegeben« abhaken.

Mein ganzes Leben hatte ich bis jetzt so durchgebracht. Einfach weglaufen war doch immer ganz einfach. Doch das wollte ich nicht mehr, jetzt nicht mehr, nie mehr ...

»Hast du dir schon mal Gedanken darüber gemacht, dass

du nur für dich selbst verantwortlich bist?«, schoss es mir durch den Kopf.

Es war wie ein Schlag mit dem Hammer, von dem man sich nicht so schnell erholt, am Boden liegen bleibt und darauf wartet, dass jemand Mitleid hat und mitteilt, das alles nicht so schlimm sei. Ich sah mich im Spiegel der Wahrheit. Und die Wahrheit war schrecklich!

Eine Wahrheit, die ich seit Langem verdrängte, Tag für Tag. Jetzt war sie da, völlig rücksichtslos, direkt vor mir, wie ein Pfad im dichten Wald. Ich wusste nicht, ob es eine Strafe oder eine Straße war. War es der richtige Weg oder ein verdientes Gericht?

Wenn ich mich in diesem Moment für mein bis dahin geführtes Leben hätte vor Gott verantworten müssen, wären nicht viele Alternativen geblieben. Ich hätte mir selber keine Chance gegeben, nicht eine, denn ich hätte sie keinesfalls verdient. Den Tod hatte ich für meine Sünden verdient, Verbannung oder Verurteilung.

Wir Menschen fühlen uns gut, wenn wir jemandem über die Straße helfen, aber die Dimension unserer Taten schrumpft auf ein Maß, welches mit unserer Weisheit nicht zu erklären ist. So winzig sind wir und unser Geist im Verhältnis zu Gott. Seit Jahren suchte ich einen Weg, stolperte über jede Menge Fallen des Lebens, benahm mich meiner eigenen Familie gegenüber wie ein Schuft und dann kommt jemand, nimmt mich an der Hand, zeigt mir den Weg und sagt: »Folge mir!«

So erzählte ich Gott alles. Alles Schlechte meines Lebens, jede Missetat und jede Sünde, klein oder groß, alles, was mir einfiel, ich wollte nichts auslassen, nichts vergessen.

Er wusste ja sowieso jede Kleinigkeit. Die Überwindung zum Geständnis war enorm und einfach zugleich.

Einzugestehen, dass ich ein schlechter Mensch war, schien zunächst einmal unwahrscheinlich hart. Gerade weil ich bis vor Kurzem noch gedacht hatte, ich wäre der Größte, der Beste und der Tollste.

Der Nebel der Gottlosigkeit bedeckte Jahre meines Lebens und machte mich stumpf. Doch nun bat ich um Vergebung für alles, was ich bis dahin getan hatte. Und Gott verzieh mir, einfach so, bedingungslos, als ich begriff: Es gibt nur einen Weg – fort von meinem Weg, hin zu seinem. Ihm folgen, sonst nichts.

In diesem Augenblick erkannte ich eins: Gott existiert, nicht nur im rituellen Sinn, wie ich ihn bis dahin kannte, nicht nur im Augenblick meines frommen Kirchgangs, sondern jederzeit an jedem Ort. Der Glaube allein reichte aus. Schlussfolgerungen wie bei einer wissenschaftlichen Abhandlung sind nicht nötig, denn die Wahrheit der Existenz Gottes steht über allen menschlichen und physikalischen Gesetzen.

Erst gedemütigt kannst du erkennen, dass du ein Sünder bist. Und erst dann kannst du auch erkennen, dass du umkehren musst. Das hatte ich jetzt begriffen.

Ich musste mich zunächst demütig vor Gott beugen, mein Leben auf die Waage seines Rechts legen und mich der Erkenntnis meiner Fehler und fehlerhaften Taten stellen.

Die vier Zeilen meines Gebets kamen mir jetzt wiederum in den Sinn:

»ΠΑΤΕΡ ΗΜΟΝ Ο ΕΝ ΤΟΙΣ ΟΥΡΑΝΟΙΣ«
»ΑΓΙΑΣΦΗΤΩ ΤΟ ΟΝΟΜΑ ΣΟΥ«
»ΕΛϑΕΤΩ Η ΒΑΣΙΛΕΙΑ ΣΟΥ«
»ΓΕΝΗϑΗΤΟ ΤΟ ϑΕΛΗΜΑ ΣΟΥ«

Plötzlich wurde mir bewusst, was ich dort gebetet hatte – und vor allem zu wem.

Die Bedeutung dieser Zeilen bekam eine andere Dimension. Es war gewaltig. Eine unbeschreibliche Erkenntnis, welche man nicht wirklich sofort verarbeiten kann. In diesem Augenblick wusste ich, dass ich mich gerade in Gottes

Hände begab – in diesem Moment. Das Eingeständnis meiner Schuld war die Brücke, die ich schon so lange suchte und nie fand. Gott hatte sie mir gebaut, er wollte dies, nicht ich.

Deshalb war die Freude in mir so unbeschreiblich und die Erleichterung über das, was ich erfuhr, so groß.

Auch wenn ich nicht alles verstand, was jetzt passierte, war doch klar: Meine guten Taten waren unwichtig geworden. Ich musste das Alte loslassen und für Neues bereit sein. Ich musste das Urteil Gottes über mich anerkennen – und seine Herrschaft.

Was war mein Leben wert? Ich war voller Sünde. Und doch war Gott da – für mich. Ich hatte es nicht verdient und doch hatte er sich meiner angenommen.

Ich kannte Menschen, denen dieses Verdienst meiner Meinung nach eher zustand.

»Aber mir? Warum mir?«

»Hast du dir schon mal Gedanken darüber gemacht, dass du nur für dich selbst verantwortlich bist?«

Die Frage Josephs fiel mir wieder ein. Jetzt verstand ich diese Frage. Die Antwort war eindeutig und der Grund meiner Reise auch. Ich musste für mein Leben in der Vergangenheit und in der Zukunft endlich Verantwortung übernehmen, aber nicht, wie wir es im menschlichen Sinn meinen, sondern Verantwortung vor Gott.

Es geht nicht darum, sich fromm zu präsentieren. Es ist unwichtig, ob du am lautesten singst oder irgendwelche Kerzen für den Pfarrer trägst. Es geht um die Beziehung zu Gott selbst. Diese Beziehung beginnt nicht mit Taten, sondern mit einem reumütigen Herzen.

Es war spät, aber noch hell, und ich entschied mich, den schwierigen und etwas gefährlicheren Weg auf der anderen Seite des Berges hinunterzugehen. Ich hatte nur noch eines im Kopf: »Herr, mein Gott, dein Wille soll geschehen!«

Die vier Zeilen – zuvor ein gemurmeltes Ritual – hämmerten in meinem Kopf. Mit ganzem Bewusstsein sprach ich nun diesen Satz immer wieder und war glücklich.

Ich hatte Gott erkannt. Ich wusste jetzt, dass es ihn gibt – ohne jeden Zweifel!

Er war da, um mir beizustehen.

Er war bei mir, in diesem Moment. Ich lächelte und begann, zügig den Berg hinunterzulaufen. Ich fühlte mich, als ob er mich tragen würde, leicht an Gewicht und voll von Glauben.

Ich lief immer schneller und schneller und sprang von Stein zu Stein in dem Bewusstsein: »Herr, mein Gott, dein Wille soll geschehen, und ich weiß, dass du für mich da bist!«

Unten angekommen, ging ich völlig ruhig und entspannt zur Pension, wo mich meine zwei Begleiter gespannt erwarteten. Voller Euphorie erzählte ich ihnen meine Geschichte.

Joseph fragte mich, ob ich eine Erscheinung gehabt hätte.

»Nein, aber ich habe etwas viel Schöneres erlebt als eine Erscheinung. Mir ist Gott persönlich begegnet! Ich habe mit ihm geredet, ich habe ihn erkannt.«

Vielleicht hatte ich gestern an irgendetwas geglaubt – aber nun glaubte ich an den lebendigen Gott!

Herausforderungen

Ich weiß nicht, ob in Medjugorje tatsächlich Erscheinungen stattfinden. Ich habe keine gesehen und habe auch niemanden getroffen, der eine gesehen hat. Eine Erscheinung konnte mich nicht erretten.

Die Vergebung der Sünden ist immer Gottes Gnade, sein Geschenk. Nicht der Ort brachte mich zu Gott, sondern Gott selber brachte mich zu sich. Er suchte und fand mich.

Nach diesem aufwühlenden Erlebnis waren meine Probleme nicht weg. Ganz im Gegenteil. Sie waren jetzt erst richtig präsent und ich hatte die Aufgabe, den richtigen Weg einzuschlagen, um meine Probleme mit Gottes Hilfe zu lösen. Schwer genug nach einer so langen Zeit der gegenseitigen »Lebens-Sabotage«, die ich und meine Frau betrieben hatten.

Auf dem Flug nach Deutschland wurde ich immer nervöser, denn die Begegnung mit meiner Frau kam immer näher.

»Wie werde ich mich verhalten?« Ich wusste es nicht. Ich hatte keine Vorstellung, was ich erzählen sollte.

Wo sollte ich beginnen? Im Flur kam ich an den schönen Ölgemälden vorbei, welche die griechische Ägäis zeigen. Der Wunsch, hier stehen zu bleiben, war groß, denn ich hatte Angst. Angst vor den kommenden Minuten. Ich dachte an Gott und bat ihn, mich jetzt nicht im Stich zu lassen. Am liebsten wäre ich wieder weggelaufen, aber das ging jetzt nicht mehr. Ich musste da durch, und zwar mit allen Konsequenzen.

Meine Frau setzte sich im Wohnzimmer auf die Couch, nachdem sie mich begrüßt hatte. Ich stellte alles Gepäck ab, setzte mich vor sie und fing an zu erzählen. Nicht, was ich in Medjugorje erlebt hatte, sondern was für ein schlechter Mensch ich war und dass sie mir verzeihen solle, was immer ich ihr bis dahin angetan hatte.

Ich versprach, mich zu ändern und ab sofort mein Leben anders aufzubauen, nicht mit Vorsätzen, sondern mit Taten. Ab sofort, direkt und ohne Aufschub. Sie hörte mir ganz gespannt und verwirrt zu. Völlig regungslos saß sie auf der Couch und war von der Tatsache meines Auftritts schier überrannt worden.

Ungläubig schaute sie mich an. »Was kommt denn jetzt bloß? Hast du dir schon wieder etwas Neues überlegt?«, fragte sie verzweifelt und kämpfte dabei mit den Tränen. Ich ebenfalls. Innerlich bewegt erzählte ich ihr die ganze

Geschichte, alles, was ich auf meiner Reise erlebt hatte. Bis in die Nacht redeten wir und ich erzählte und erzählte. Müde gingen wir zu Bett. Wir waren auf einmal glücklich und wussten nicht warum. Uns wurde klar, dass wir in der Vergangenheit unser Leben weggeworfen hatten, und konnten den Verlust nicht verstehen, geschweige denn verschmerzen.

Es wurde kompliziert, aber sie merkte, dass ich es ehrlich meinte. Die Leidenschaft, mit der ich über meine Begegnung mit Gott sprach, aber auch meine innere herzliche Einstellung schienen ihr einigermaßen glaubwürdig zu sein.

Langsam, ganz langsam, fing meine Frau an, mir zu glauben. Man kann nicht zwölf verletzende Jahre des Zusammenlebens in Minuten wegstreichen. Aber man kann von Neuem anfangen und das Leben anders gestalten. Man kann lernen, den Mitmenschen mit Liebe zu begegnen, ohne Erwartungen zu haben. Gott hat schließlich auch mich bedingungslos angenommen, einfach so!

Jetzt also begann meine große Herausforderung: ein Leben zu leben, welches Gott mir vorzeichnete, und ein glaubwürdiges Vorbild für meine Familie und meine Umgebung zu sein!

Aber Gott gab mir nicht nur diesen Vorsatz. Er öffnete mir Türen und Wege. Ich musste sie nur erkennen.

Wovon ich nichts ahnte ...

Was ich zu der Zeit nicht wusste, war, dass sich bereits Monate vor meinem Erlebnis auf dem Kreuzberg im Haus unserer Nachbarn eine Diskussionsrunde gebildet hatte, in der alle 14 Tage die Bibel gelesen und dann darüber gesprochen wurde.

Wir hatten ein freundschaftliches Verhältnis zu unseren Nachbarn Claudius und Sina und wussten auch, dass Claudius aus einem evangelischen Pfarrhaus kam, aber das war auch schon alles.

Eines Tages kam Sina zu meiner Frau Conny und lud sie zu diesem Treffen ein. Und so geschah es, dass sie regelmäßig alle 14 Tage mit wachsendem Interesse der Einladung folgte, während ich ein Haus weiter unsere Töchter hütete. Dabei machte ich mir so meine Gedanken über diese seltsamen Leute, die Conny für recht nett hielt, die ich damals aber insgeheim belächelte und für reichlich abgedreht hielt.

Was ich allerdings nicht ahnte, war, dass Nanni, eine uns inzwischen sehr lieb gewordene Freundin von den »netten« Leuten, das Vertrauen von Conny gewonnen hatte. Sie führte viele persönliche Gespräche mit ihr und erfuhr so auch von Connys notvollen Erlebnissen und Erfahrungen mit ihrem chaotischen Mann. Die beiden begannen intensiv die Bibel miteinander zu studieren und für unsere Ehe und für mich zu beten. Auch in der Diskussionsrunde betete man für mich und sogar in einer Gemeinde in der Nähe, zu der die »netten« Leute gehörten und die Conny inzwischen sporadisch besuchte, wurde für mich gebetet.

Während ich also in Medjugorje zum ersten Mal mit Gott sprach und mich langsam vortastete in ein Leben mit Gott, hatte Conny schon längst ohne mein Wissen Erfahrungen mit dem Gott der Bibel gemacht.

Nun war ich also mit einem veränderten Leben und vielen guten Vorsätzen von Medjugorje zurückgekommen und sah natürlich diese »netten« Leute, mit denen Conny regen Kontakt hielt, mit etwas anderen Augen, allerdings immer noch mit einer gewissen Überheblichkeit – schließlich kannten sie ja kein Griechisch ...

Eines Abends tauchte Frieder auf, einer von der Gruppe, den ich inzwischen flüchtig kennengelernt hatte. Er schenkte mir ein Buch mit dem Titel »Die Tatsache der Auferstehung«

von einem gewissen Josh McDowell. Da der Titel in meinen Augen sehr merkwürdig klang, legte ich es mit einem unaufrichtigen Lächeln zur Seite und erklärte halbherzig, es bald mal lesen zu wollen.

»Was wollte er von mir? Warum schenkt er mir ein Buch über die Auferstehung? Ich kenn doch die Geschichte!« Auch wenn ich mich nicht traute, dies offen anzusprechen, waren es Fragen, auf die ich damals keine Antwort hatte. Da ich aber mit anderen wichtigen Themen beschäftigt war, landete es bei all den anderen Büchern im Regal.

Ich begann, an Sonntagen nicht mehr zu arbeiten. Die anfallende Arbeitsleistung konnte ich gut auf die Woche verteilen, sodass ich ab Samstagnachmittag tatsächlich zu Hause bei meiner Familie war. Es sollte Ruhe einkehren, um mich der Familie und meinem Wissensdurst in Bezug auf den neu gefundenen Glauben zu widmen.

Ich wollte einfach viel erfahren. Es interessierte mich. Nachdem Conny immer mehr Anschluss an diesen Gesprächskreis und die Gemeinde in unserer Nähe gefunden hatte, beschloss ich, jeden Sonntagmorgen in eine »griechisch-orthodoxe Kirche« zu gehen, die ich inzwischen in Olpe ausfindig gemacht hatte.

Aber es gab ein Problem. Ich konnte zwar ein wenig Altgriechisch und etwas Neugriechisch, aber ich verstand die zelebrierte Liturgie nicht in dieser Geschwindigkeit und schon gar nicht in der Hektik des liturgischen Ablaufes.

Der Pfarrer fuchtelte mit den Armen, schlug Kreuze, lief um den Altar, hob ein Kreuz und Bücher in die Luft, schaute zur Decke – aber was dies bedeutete, konnte ich nicht erkennen. Auch das Vorlesen aus dem Evangelium brachte mich nicht weiter.

Ich wollte wissen, was es heißt, mit Gott zu leben, und ich wollte viel darüber erfahren. Also ran an den Pfarrer, dachte ich, und Infos holen. Er muss es doch am besten wissen. Ich verfolgte einige Sonntage fleißig die Liturgie und versuchte die Zusammenhänge zu erkennen – ein Buch über die Liturgie der orthodoxen Kirche sollte mir dabei helfen. Einige Dinge wurden mir zwar klarer, aber Gottes Wort verstand ich trotzdem nicht.

»Wie komme ich auf Gottes Weg?«

Der Pfarrer erzählte zwar immer aus dem Evangelium, von den Aposteln und von Paulus, aber was bedeutete dies für mich? Ich musste mich auf andere Weise mit dem Thema beschäftigen. Es reichte mir nicht aus. Nach neun Monaten hatte ich für mich zu wenig erfahren. Ich war enttäuscht.

Schließlich überwand ich mich und suchte ein vertrautes Gespräch mit meinem Freund und Nachbarn Claudius und bekam den Rat, zu beten und immer wieder zu beten.

Eines Tages stand ich im Keller vor unserem Bücherregal. Plötzlich fiel mein Blick auf das Buch, welches Frieder uns vor neun Monaten geschenkt hatte. Wir hatten inzwischen auch eine Anzahl intensiver Gespräche geführt, aber in das Buch hatte ich noch nicht einmal hineingeschaut.

Ich begann zu lesen und hörte nicht mehr auf. Ein Satz aus diesem Buch ist mir bis heute im Gedächtnis geblieben: »Welches Recht haben Sie eigentlich, so glücklich zu sein?«, wurde jemand in diesem Buch gefragt. »Ich will glücklich sein und ich habe die Quelle der Freude gefunden«, lautete die Antwort.

Von da an wusste ich, dass ich mich mit der Bibel und der Bedeutung des Herrn Jesus Christus auseinandersetzen musste und nicht mit der Liturgie der orthodoxen Kirche.

»Was nutzt einem die Liturgie ohne das Verständnis des Inhalts?«

Aber wer ist dieser Jesus Christus wirklich? Wir sprechen voller Ehrfurcht von ihm, aber kennen wir ihn auch?

»Warum sprechen wir in Ehrfurcht von ihm?«, fragte ich mich.

»Was war er? Wo war er? Wie war er? Warum war er?«

Ich war nicht mehr damit einverstanden, es so hinzunehmen, ohne zu verstehen, was dahintersteckt.

»Also laden wir den Pfarrer der orthodoxen Kirche zu uns ein. Er soll uns ein wenig darüber berichten und erklären«, sagte ich zu Conny, »wir wollen doch mehr erfahren, oder?«

»Ja, eine gute Idee, wir können ja noch jemanden einladen zu diesem Thema!«

Sie erklärte mir, dass sie auch noch Andreas und Frieder aus der netten Gesprächs-Truppe einladen würde, um einen Samstagabend in einer lockeren Atmosphäre über Jesus und die Bibel zu reden.

Ich war damit einverstanden und wollte mich in meiner orthodox geprägten Euphorie gezielt vorbereiten. Also schoben wir den Termin mit dem Pfarrer auf einen späteren Zeitpunkt und luden erst mal die »netten Leute« ein.

Der Samstagabend kam, wir saßen in einer ziemlich großen Gruppe zusammen und begannen uns über die Bibel auszutauschen. Ich stellte gezielte Fragen und war sehr verwundert, dass diese netten Leute auf alles eine Antwort hatten. Selbst meine provokativen Fragen konnten niemanden aus der Ruhe bringen.

Das faszinierte mich. Wie konnte ein Mensch so viel über die Evangelien wissen? Das können doch nur die Pfarrer!

»Habt ihr irgendetwas mit Theologie zu tun?«, fragte ich sehr verunsichert. »Woher wisst ihr, wo das alles in der Bibel steht?«

Fragen, deren Antworten ich gar nicht mehr wirklich wissen wollte. In diesem Augenblick ging es nicht um das Wissen dieser Leute, sondern um meine eigene Unwissenheit. Nicht die wussten viel, sondern ich wusste wenig.

Tradition oder lebendiger Glaube?

Damals, in Medjugorje, schickte ich die lästige Bettlerin zum Kreuz, ohne zu wissen, warum.

Zu der Zeit war das Kreuz für mich irgendwie ein Symbol für Frömmigkeit.

Aber als ich mit ihr zusammen am Kreuz betete, wurde mir bewusst, welche Bedeutung dies für mich hatte. Hier ging es um eine Herzensangelegenheit und den Verstand. Und beides konnte ich damals weder greifen noch werten.

Ich begriff nicht, wohin die Wahrheit mich bringen sollte. Ich war eingeengt zwischen meinem eigenen Denken und meinem Herzen, zwischen meinem Verstand und meiner Emotion.

Erst jetzt, während ich intensiv in der Bibel las und mich mit Jesus beschäftigte, bekam das Kreuz eine andere Bedeutung.

Zum ersten Mal beschämte mich die Tatsache, dass dieses Symbol bisher für mich unpersönlich gewesen war. Ohne eine Beziehung zu mir war es lediglich eine Theorie, die mir nichts nutzte und mit der ich nichts anfangen konnte. Ich hatte mich selbst auf die oberste Stufe meines Lebens gestellt und keinerlei Autorität akzeptiert.

Auf der Suche nach der Wahrheit, auf der Suche nach absoluten Werten bin ich auf das Kreuz gestoßen und erkannte, dass es kein Symbol ist, sondern viel mehr als das.

Denn das Kreuz ist die Brücke zum Leben!

Diese wahre Bedeutung des Kreuzes erkannte ich schrittweise durch das Lesen der Bibel. Zu Gott hatte ich gebetet, aber wer war Jesus?

Immer mehr wurden mir die Augen dafür geöffnet, dass das Kreuz nicht nur ein grausames, von Menschen erfundenes Folterinstrument war, um schlimmste Verbrecher endgültig zu strafen und zu beseitigen. An einem Kreuz wurde Jesus Christus – sündloser Mensch und gleichzeitig Sohn Gottes – an meiner Stelle und für meine Sünden gerichtet, um mir meine Schuld vergeben zu können. Diese Erkenntnis hat mich überwältigt!

»Da ist also jemand, der sich aus lauter Liebe für dich umbringen lässt, damit du leben kannst. Würdest du das tun?« »Wohl kaum«, dachte ich.

Die Liebe Gottes hatte ich oben auf dem Berg erfahren, doch zu welchem Opfer diese Liebe bereit war, das verstand ich erst durch das Lesen der Bibel, die ich in der Zwischenzeit geschenkt bekommen hatte.

Außerdem besorgte ich mir Bücher und hinterfragte alles und jedes. Meine Frau tat das Gleiche und so wuchsen wir in unserem Glauben und hatten viel Diskussions-Stoff.

Um uns mehr über Jesus Christus erzählen zu lassen und etwas vom orthodoxen Glauben zu erfahren, luden wir dann auch wie geplant den griechischen Pfarrer ein.

Nach einiger Zeit fragte mich der Pfarrer, wann meine Frau und meine Kinder sich taufen lassen würden. Lächelnd und leicht irritiert schaute ich den Pfarrer an und erklärte ihm, dass sowohl meine Frau als auch meine Kinder evangelisch getauft wären.

»Nein, nein«, erwiderte er, »ich meine richtig getauft, die evangelische Taufe ist nichtig. Sie ist nicht gültig vor Gott.«

»Niemand kommt in den Himmel, wenn er nicht richtig getauft ist«, erklärte er weiter, »und du willst doch, dass deine Kinder in den Himmel kommen, oder?«

Ich war geschockt.

»Was erzählt er da?«, fragte ich mich. Will er mir etwa Angst machen? Das passte nicht mehr mit dem zusammen, was ich inzwischen aus der Bibel erkannt hatte. Ich war platt. Wie kann dieser Mensch, der ein Pfarrer ist, meinen Glauben bewerten? Er hatte mich bis dato ja noch nicht einmal gefragt, ob ich überhaupt an Gott glaube!

»Interessante Methode, ein paar Schäfchen einzufangen!«, dachte ich im Stillen und brachte den Besuch des Pfarrers zum Abschluss. Meine Frau und ich waren uns einig, dass wir das nicht wollten. Das entsprach nicht unseren Vorstellungen einer Gemeinde und schon gar nicht eines Pfarrers.

So beschlossen wir nun, gemeinsam zu der nahe liegenden Gemeinde der »netten Leute« zu fahren, um uns das mal genauer anzuschauen.

Wir wurden freudig empfangen und ich fühlte mich anfangs etwas überrannt. Alle schienen uns zu kennen, aber zumindest ich wusste nicht einmal, wer uns da begrüßte. Es war trotzdem sehr angenehm.

Währenddessen lief unser gemeinsames Leben normal weiter. Wir waren auf dem richtigen Weg, aber noch weit weg von einer harmonischen Ehe. Die Reaktionen meiner Frau waren oft wie früher – und meine Gegenreaktionen waren nicht besser ...

Wir mussten lernen, bösen Gedanken keinen Raum zu geben. Aus einem Streit ein Gespräch werden zu lassen. Beständig in Liebe zueinander zu stehen, selbst beim Anflug der ersten böswilligen Gedanken. Das ist – vor allem nach so vielen Jahren »Krieg« – extrem schwer. Aber genau das heilte unsere Beziehung von Tag zu Tag.

Im Laufe der Zeit festigten wir unsere Ehe und genießen heute ein harmonisches und trotzdem immer noch sehr emotionales Leben. Allerdings heute in der Liebe und der Kraft unseres Herrn Jesus Christus, der uns dabei hilft, jede Situation aus Gottes Sicht zu betrachten und friedlicher und liebevoller miteinander umzugehen. Das wirkt sich natürlich auch auf unsere Kinder aus.

Der liebevolle Umgang miteinander, auch nach schwierigen Phasen, hat in unserem Leben eine tiefe Zufriedenheit bewirkt. Dennoch ist das Leben spannend geblieben – und Gott ist bei uns.

Die Liebe zu allen Menschen, nicht nur zum Partner oder Freund, ist mir heute sehr wichtig geworden. Es ist einfach, einen Freund zu lieben, aber jemanden zu lieben, den man eigentlich nicht mag, ist eine echte Herausforderung.

Gott hat mein Ego »sterben« lassen – damals auf dem Berg in der Ferne – und mir damit das wirkliche Leben geschenkt: vom Tod gerettet, ins Leben gestellt.

Unser ganzes Leben soll nun von dem einen, tiefen Wunsch motiviert sein: Gott und unseren Nächsten zu lieben. Von ganzem Herzen. Mit ganzem Verstand. Mit allen unseren Kräften.

Yusuf Mutlu

Alles andere als glücklich ...

»Yusuf Mutlu«, »der Glückliche« – das ist der Name, mit dem ich mich heute nenne. Doch noch ist die Erinnerung an eine Zeit sehr lebendig, wo ich alles andere als glücklich war. Damals wäre für mich der Name »der Hoffnungslose« passender gewesen ...

In einem kleinen Dorf in Anatolien (Türkei) erblickte ich das Licht der Welt. Als ich etwa zwei Monate alt war, siedelten meine Eltern nach Deutschland um. Weil ich sehr kränklich war, ließen sie mich bei meinen Großeltern zurück. Ich litt an Allergien und Atemstörungen und schien ein hoffnungsloser Fall und eine zu große Belastung für meine Eltern zu sein, die ihr Glück ja in Deutschland suchten. Andererseits wollten mich meine Großeltern als eine Art »Pfand« bei sich behalten, um sicher zu sein, dass meine Eltern den Kontakt zu ihrer türkischen Familie und Heimat nicht aufgeben würden.

Doch als ich etwa fünf Jahre alt war, starb mein Großvater und ich blieb mit meiner Großmutter allein zurück, die sich mit meiner Erziehung völlig überfordert fühlte.

Zu meinen Aufgaben als kleiner Junge gehörte es, die Schafe der Großmutter zu hüten. Ich erinnere mich gut, wie ich bei dieser Arbeit eines Tages plötzlich Besuch bekam. Ein großer, fremder Hund schlich sich heran, schien aber zutraulich zu sein. Weil ich dachte, es sei einer der vielen Dorfhunde, begann ich ihn zu streicheln. Doch plötzlich wurden die Schafe sehr unruhig und gerieten zu meiner Verwunderung in Panik. Dann riss er sich von mir los, schnappte sich ein kleines Lamm und war verschwunden. Entsetzt dämmerte mir, dass es sich um einen Wolf gehandelt hatte.

Dieses Erlebnis habe ich nie vergessen – und später wurde mir bewusst, dass es Parallelen zu meinem Leben gab. Leider habe ich auch danach »Wölfe« für harmlose Hunde gehalten und nicht gemerkt, wie ich mein Leben aufs Spiel setzte ...

Weil meine Großmutter nicht mit mir fertig wurde, reichte man mich an verschiedene Verwandte weiter, und so abgeschoben, lernte ich auf diese Weise nicht nur die Dörfer Anatoliens, sondern auch das Großstadtleben von Izmir und Istanbul kennen.

Damals habe ich vieles entbehrt, am meisten aber vermisste ich die Liebe meiner Eltern.

In der Schule wurde ich gehänselt, weil ich scheinbar keine Eltern hatte, und manchmal wurde ich von meinen Schulkameraden geschlagen. Umso mehr freute ich mich, wenn meine Eltern einmal im Jahr für vier oder fünf Wochen zu Besuch kamen. Aber auch in dieser Phase hatte mein Vater keine Zeit für mich, er suchte beim Alkohol eine andere Gesellschaft.

Einmal besuchten sie mich, als ich wegen eines Leisten- und Nabelbruchs im Krankenhaus lag. Dabei stritten sie sich in meiner Gegenwart so heftig, dass der Streit in eine Schlägerei ausartete. Wenn ich dagegen meine Mitschüler beobachtete, die – wie es mir schien – von liebevollen Eltern umgeben waren, schmerzte mein Herz.

Im Alter von 12 Jahren besuchte ich eine Koranschule. Dort suchte ich die Anerkennung des Imam, dem ich großen Respekt zollte, obwohl ich auch hier Schläge einstecken musste, wenn ich Blödsinn gemacht hatte.

Ich lernte etwas Arabisch sowie etliche Gebete auswendig und machte Erfahrungen mit dem Koran, indem ich mir

Suren daraus einprägen musste. Allerdings sprachen mich diese Suren nicht an und bei aller äußeren Achtung vor dem Koran blieb mein Herz beim Lesen kalt.

Natürlich wurde ich auch mit den »fünf Säulen des Islam bekannt« gemacht und erlebte die islamischen Feste – das Fasten, das Schafe-Schlachten usw.

Zwei Jahre später meinten meine Verwandten, es sei nun an der Zeit, dass ich meinen Eltern nach Deutschland folgen sollte, und drängten meine Eltern, entsprechende Schritte zu unternehmen. Aber das war leichter gesagt als getan, denn mein Großvater hatte mich nach meiner Geburt aus bisher unerklärlichen Gründen als Mädchen mit dem Namen »Nuran« angemeldet, sodass ich keine gültigen Papiere hatte. Mein Vater benötigte zwei Jahre, um die nötigen Nachweise dafür zu besorgen, dass »Nuran« eigentlich ein Junge war.

Geplatzte Träume

Dann kam endlich der Tag, an dem ich mit großen Hoffnungen und Zukunftsplänen nach Deutschland ausreisen konnte. Aber es dauerte nicht lange, bis alle Träume wie Seifenblasen zerplatzten, denn meine Familie blieb mir fremd und die ersehnte Liebe und Zuwendung blieb auch aus.

So suchte ich mir Erfüllung und Anerkennung in zweifelhaften Kreisen und versuchte mit Bier, Raki und Wodka meine innere Leere zu füllen und für Aufmerksamkeit zu sorgen. Damals geriet ich auch zum ersten Mal mit dem Gesetz in Konflikt, als ich im Kaufhaus Karstadt bei einem Diebstahl erwischt wurde. Auch meine schulischen Leistungen ließen entsprechend zu wünschen übrig und so konnte ich nur durch den Besuch einer Volkshochschule wenigstens meinen Hauptschul-Abschluss machen.

Um bei meinen neuen Freunden Eindruck zu schinden,

organisierte ich Feten an der Uni Bielefeld, wo Alkohol in großen Mengen konsumiert wurde. Bei einer dieser Feten provozierte mich ein Freund, eine Flasche Wodka zu trinken. Leichtsinnig, wie ich war, trat ich sofort den Beweis meiner Trinkfestigkeit an. Doch als die Flasche leer war, fiel ich um und lag regungslos auf dem Boden. In großer Eile und Hektik wurde der Notarzt gerufen und mein Magen ausgepumpt: Alkoholvergiftung!

In dieser Zeit machte ich auch eine Lehre als Kfz-Mechaniker, bestand meine Führerscheinprüfung und besaß bald einen eigenen BMW.

Gedankenlos, ohne Verantwortungsbewusstsein, aber voller Minderwertigkeitskomplexe raste ich als stolzer Besitzer dieser noblen Marke durch die Stadt, als ob ich der Herrscher über alle Straßen wäre. Ich ignorierte alle Geschwindigkeitsbeschränkungen und fuhr 120 km/h, wo nur 50 km/h erlaubt waren. So dauerte es nicht lange, bis die Polizei mich mit Blaulicht verfolgte, nachdem ich zwei rote Ampeln nicht beachtet hatte und mit hoher Geschwindigkeit die Kurt-Schumacher-Straße in Bielefeld entlangraste. Die logische Folge: Führerschein-Entzug für drei Monate, Nachschulung und eine saftige Geldbuße!

So war mein Leben damals ein einziges Chaos. Auch mein Glaube als Moslem, auf den ich bisher sehr stolz war, verflachte immer mehr. Meine Verwandten und Bekannten waren liberale Moslems. Natürlich bekannten sie sich äußerlich stolz als Moslems. Sie gingen aber nicht zur Moschee, sondern waren eher in einer Disco zu finden und konsumierten ungeniert Alkohol, was für einen strengen Moslem undenkbar ist.

Auch mein Vater war in seinem bisherigen Leben nur zwei oder drei Mal in einer Moschee gewesen. Anfangs ermahnte ich sie, ihren Glauben konsequent zu bekennen, aber nach zwei Jahren hatte auch ich mich ihnen angepasst.

Freundschaft mit Hindernissen

Über den Gott der Christen hatte ich bisher noch nie nachgedacht. Aber das sollte sich bald ändern, als ich eine interessante junge Frau kennenlernte. Tatjana arbeitete damals in der Firma, in welcher ich als Maschinenführer tätig war, und fiel mir deswegen auf, weil sie irgendwie anders war als die anderen. Sie kleidete und benahm sich nicht so, wie es sonst üblich war. Ich fand heraus, dass sie aus einer Aussiedler-Familie kam und in eine Kirche ging. Von Tatjana hörte ich zum ersten Mal in meinem Leben etwas über Jesus Christus und bekam eine Bibel geschenkt.

Tatjana selbst war nicht in einer christlichen Familie aufgewachsen. Als ich sie kennenlernte, war ihr Vater einige Jahre zuvor gestorben und ihre Mutter erst vor einiger Zeit zum Glauben an Jesus Christus gekommen. Durch sie wurde auch Tatjana für den christlichen Glauben gewonnen, besuchte mit ihr eine Gemeinde und bekam zunächst Anschluss an die Gemeinde-Jugend. Doch im Lauf der Zeit wurde sie ziemlich enttäuscht und schockiert, weil sie erlebte, dass einige dieser jungen Leute ein Doppelleben führten. So wandte sie sich enttäuscht von den Christen ab, ohne aber ihren Glauben aufzugeben.

In dieser Situation lernte ich Tatjana kennen und versuchte, eine Freundschaft zu ihr aufzubauen. Aber das war ein langer, harter Kampf, denn Tatjanas Motto war bisher: »Türken haben bei mir keine Chance!« Doch nach etwa drei Monaten hatte ich gesiegt – Tatjana hatte sich inzwischen in mich verliebt und wurde blind für das Problem, dass ich Moslem war und sie eine überzeugte Christin.

Sie beruhigte sich selbst mit dem Gedanken, dass ich ja kein strenger Moslem sei und sie mich vielleicht für den christlichen Glauben gewinnen könnte, zumal sie bisher nicht unbedingt den Eindruck hatte, dass ich sie für den Islam gewinnen wollte.

Als ich ihr versicherte, dass sie ihren Glauben behalten könnte, gab sie schließlich ihre Bedenken auf, obwohl ihre Mutter entschieden gegen unsere Beziehung kämpfte. Ihr Bruder, der ein Jahr älter war, wurde ihr gegenüber sogar einmal handgreiflich und schrie sie an: »Es kommt kein Türke in unser Haus!«

Ihre Mutter argumentierte: »Das kann nicht gut gehen, wenn eine Christin einen Moslem heiratet!« Sie hatte erlebt, dass eine Cousine einen Moslem geheiratet hatte, der sich aber bald von ihr scheiden ließ, um dann eine Muslimin zu ehelichen.

Doch Tatjana ließ sich nicht warnen, zumal sie damals auch keine konsequente Christin war. Und da ich mich für einen lauen, toleranten Moslem hielt, glaubten wir, eine Ehe eingehen zu können.

Sechs Monate, nachdem wir uns kennengelernt hatten, erschien dann mein Vater – wie das bei Türken üblich ist – bei ihrer Mutter, um den Heiratsantrag vorzutragen. Trotz aller Bedenken und Befürchtungen gab Tatjanas Mutter nach und stimmte schließlich der Heirat zu.

Als etwa ein Jahr später unsere erste Tochter Dorothea zur Welt kam, sprach Tatjana mit mir über ihren Glauben. Sie hatte während der Schwangerschaft über ihr Leben nachgedacht und ihre Halbherzigkeit als Christin erkannt. Ich sagte ihr, dass ich als Moslem geboren sei und deswegen niemals an diesen Jesus glauben könne. Ich pochte darauf, dass ich nur an den Propheten Mohammed glauben könnte.

Darauf stellte sie mir die provozierende Frage, ob ich mir sicher sei, dass ich nach meinem Tod nicht in der ewigen Verdammnis landen würde.

Diese Frage ließ mich nicht mehr los, denn ich liebte meine Frau und meine Tochter und vom Himmel und von der Hölle war ja schließlich auch im Koran die Rede. Und als Moslem hatte ich eine lebendige Vorstellung von der Schrecklichkeit der Hölle und ihrem Feuer. Ich wusste auch, dass ich als lauer Moslem wenig Chancen hatte, in den Himmel zu kommen.

Zum ersten Mal in meinem Leben begann ich, mich selbst und meinen Glauben zu hinterfragen.

Der »Augenöffner«

Kurz danach erzählte mir meine Schwiegermutter, dass in ihrer Gemeinde ein Kurde gepredigt habe, der früher ein moslemischer Theologe war und sich zu Christus bekehrt habe.

»Ich bin kein Kurde – sondern Türke!«, erwiderte ich stolz, aber meine Neugierde war geweckt und ich wollte diesen Mann doch ganz gerne kennenlernen!

So kam es schließlich, dass wir zum Neujahrstag 2000 diesen interessanten Mann in unser Haus einluden und ihn baten, uns aus seinem Leben zu erzählen.

Er war als überzeugter Moslem aufgewachsen und ausgebildeter »Hodscha« (islamischer Priester) geworden, der durch verschiedene Lebensumstände Zweifel an der Richtigkeit seiner Religion bekam. Schließlich wurde er dann patriotischer Sozialist, der in Deutschland bei einem Raubüberfall erwischt, verhaftet und für vier Jahre hinter Gitter gesteckt wurde. Dort bekam er ein Neues Testament zu lesen und lernte glaubwürdige Christen kennen. Nach vielen, langen inneren Kämpfen, Zweifeln und Auseinandersetzungen hatte er Frieden und Vergebung durch Jesus Christus erfahren.

Er erklärte mir, dass es nur einen Weg gibt, um Vergebung der Sünden zu bekommen und vor Gott bestehen zu können. Dazu zitierte er die Bibel:

»Es ist in keinem anderen das Heil, denn es ist kein anderer Name unter dem Himmel den Menschen gegeben, in dem wir gerettet werden sollen!« (Apostelgeschichte 4,12)

»Denn der Lohn der Sünde ist der Tod, aber die Gnadengabe Gottes ist das ewige Leben in Christus Jesus, unserem Herrn.« (Römer 6,23)

In diesem Gespräch wurden mir die Augen dafür geöffnet, dass ich ein Sünder war und Jesus Christus sein Leben stellvertretend für mich am Kreuz auf Golgatha geopfert hat und ich durch ihn Vergebung der Sünden bekommen konnte.

Am Ende unserer Unterhaltung fragte mich unser Gast: »Glaubst du, dass Jesus auch für deine Sünden gestorben ist?« Mit Überzeugung und Aufrichtigkeit konnte ich antworten: »Ja, ich glaube!« Daraufhin knieten wir in unserem Wohnzimmer nieder und ich betete:

»Herr, vergib mir alle meine Sünden und mein vergeudetes, verdorbenes Leben. Ich glaube dieser guten Botschaft und danke dir, dass du auch für mich am Kreuz gestorben bist!«

Eine ungeheure Last fiel von meinem Herzen und Gottes Zusage gab mir Frieden und Sicherheit: »Wenn wir unsere Sünden bekennen, so ist er treu und gerecht, dass er unsere Sünden vergibt und uns reinigt von aller Unreinigkeit« (1. Johannes 1,9).

Ich hatte die Gewissheit, dass meine Sünden vergeben waren und Gott nun durch Jesus Christus auch mein Vater war.

Freudentränen und Todesdrohungen

Natürlich war die Freude bei meiner Frau und meiner Schwiegermutter groß – besonders, als sie in den nächsten Wochen merkten, dass sich mein Leben und meine Lebensziele völlig verändert hatten.

Mit einem Gemisch von großer Freude und ängstlicher Spannung besuchte ich dann zum ersten Mal eine christliche Gemeinde. Dort bekannte ich den versammelten Leuten freudig: »Ich habe mich zu Jesus Christus bekehrt!« Plötzlich hörte ich, wie rechts und links neben mir die Leute zu schluchzen begannen und die Taschentücher zückten, um ihre Tränen abzuwischen.

»Warum weinen die?«, fragte ich irritiert.

»Es sind Tränen der Freude!«, bekam ich zur Antwort. Diese Christen hatten lange Zeit für mich gebetet.

Mit meiner Umkehr zu Jesus Christus begann auch ein neuer Abschnitt in unserer Ehe. Wir gewannen gemeinsame Ziele und Werte, lasen nun zusammen in der Bibel und beteten gemeinsam. Unsere Beziehung wurde immer mehr auf eine bessere und tragfähige Grundlage gestellt. Etwa sechs Monate nach meiner Bekehrung traf auch meine Frau die bewusste Entscheidung, Jesus Christus an die erste Stelle in ihrem Leben zu setzen.

Natürlich gab es auch schwerwiegende Probleme: Als ich meinen Eltern und Geschwistern erzählte, dass ich Christ geworden sei, fühlten sie sich in ihrer Ehre und in ihrem Stolz so verletzt, dass sie mich verfluchten. Sie warfen mir vor, ich hätte Schande über die ganze Familie gebracht, und mein Vater erklärte, ich sei nicht mehr sein Sohn! Er wollte nichts mehr mit mir zu tun haben.

Meine ältere Schwester drückte ihre große Verachtung aus, indem sie sagte:

»Wenn du heute sterben würdest, dann würden wir nicht zu deiner Beerdigung kommen!«

Nun, das ist zum Glück jetzt schon einige Jahre her. Wir haben viel für meine Familie gebetet und sind dankbar und froh, dass sich inzwischen die Beziehung zu den meisten Verwandten gebessert hat.

Im Jahr 2001 verwirklichte ich den Wunsch, mich auch öffentlich zu meinem Herrn zu bekennen, indem ich mich taufen ließ. Rückblickend bin ich Gott von ganzem Herzen dankbar, dass er mich gesucht und gefunden hat und dass ich Jesus Christus als meinen Erlöser erkennen und erleben durfte. Ich freue mich, dass ich nun auch in einer Gemeinde mitleben und mitarbeiten darf. Außerdem habe ich verschiedene Möglichkeiten, auch meinen türkischen Landsleuten von meinem Retter zu erzählen und zu bezeugen, wie Gott mein Leben verändert hat – z. B. als ehrenamtlicher Helfer in Haftanstalten.

Natürlich erlebe ich dabei auch Widerstand, besonders von Albanern und Türken, die damit drohen, mir die Gurgel durchzuschneiden, sobald sie das Gefängnis verlassen haben! Dazu kommt auch gelegentlicher Telefon-Terror, indem man mich beschimpft und mit Mord droht.

Doch solche Reaktionen und Erfahrungen gehören mit zur Nachfolge Jesu und trüben nicht meine Freude und Dankbarkeit Gott gegenüber. Mein großer Wunsch ist, dass noch viele Moslems – und unter ihnen besonders die mir nahe stehenden Türken und Kurden – das große Glück und die Freude erleben, Jesus Christus als ihren Erlöser zu erkennen und zu erleben.

Bisher habe ich diese Entscheidung jedenfalls keine einzige Sekunde bereut!

Nachwort

»Wir mögen noch so geliebt,
von Zuneigung umgeben sein:
Die Kreuzwege des Lebens
geh'n wir immer ganz allein.
Allein, wir sind allein,
wir kommen und gehen ganz allein.«

So drückt der bekannte Liedermacher Reinhard Mey sehr treffend und eindrücklich die Einsamkeit der Menschen an den Kreuzwegen des Lebens aus.

Immer wieder bestätigen die Medien diese Beobachtung: Mehr oder weniger bekannte Persönlichkeiten aus allen Schichten der Gesellschaft, aber auch viele »Nobodys« treffen in ernsten Lebenskrisen den einsamen Entschluss, aus dem Leben zu scheiden. Mit dem Sprung aus einem Hochhaus oder vor einen Schnellzug. Mit einer Überdosis Tabletten oder Drogen. Mit einem Schuss aus der Nadel oder der Pistole. Mit oder ohne Abschiedsbrief ...

»In jeder Krise liegt eine Chance!« – versuchten uns die Politiker in den Monaten der Wirtschaftskrise einzuhämmern. Auch wenn solche und ähnliche Sätze zynisch klingen für einen, der vor dem Scherbenhaufen seines Lebens steht – es ist doch die Wahrheit.

Die Lebenserfahrungen der Menschen in diesem Buch machen deutlich, dass gerade an den Tiefpunkten des Lebens, wo kein Ausweg zu sehen ist und die Kälte der Einsamkeit jede Hoffnung einzufrieren droht, jemand auf uns wartet. Jemand, den wir nicht erwartet haben und dessen Existenz wir möglicherweise mit »an Sicherheit grenzender Wahrscheinlichkeit« geleugnet haben: Gott!

Oft sind es unerwartete Begegnungen mit Menschen, die Gott und die Bibel schon kennen. Manchmal entdeckt man ihn durch das »zufällige« Lesen oder Hören der Bibel. Oder vielleicht auch durch ein Buch wie dieses ...

Wenn Sie Fragen haben, die das Buch oder auch Ihr Leben betreffen, und Kontakt aufnehmen möchten zu den Menschen, deren Schicksal in diesem Buch beschrieben wird, können Sie gerne an den Verlag schreiben. Ihre Fragen werden dann an die gewünschten Personen weitergeleitet.

Herzlichen Dank an Hans Günter, Tim, Carina, Tasso und Yusuf, dass ihr eure Lebensgeschichte aufgeschrieben oder erzählt habt und mit der Veröffentlichung eurer ganz persönlichen und oft schmerzlichen Erfahrungen einverstanden seid!

Besonders dankbar bin ich meiner Frau Ulla, die mit vielen hilfreichen Korrekturen und Verbesserungsvorschlägen in langen Abend- und Nachtstunden an dem Manuskript gearbeitet hat.

Gott schenke, dass durch diese Lebenszeugnisse viele Leser ermutigt werden, an den Kreuzwegen ihres Lebens nicht zu resignieren, sondern die wichtigste Entscheidung ihres Lebens zu treffen: Gott zu suchen und zu finden!

Wolfgang Bühne

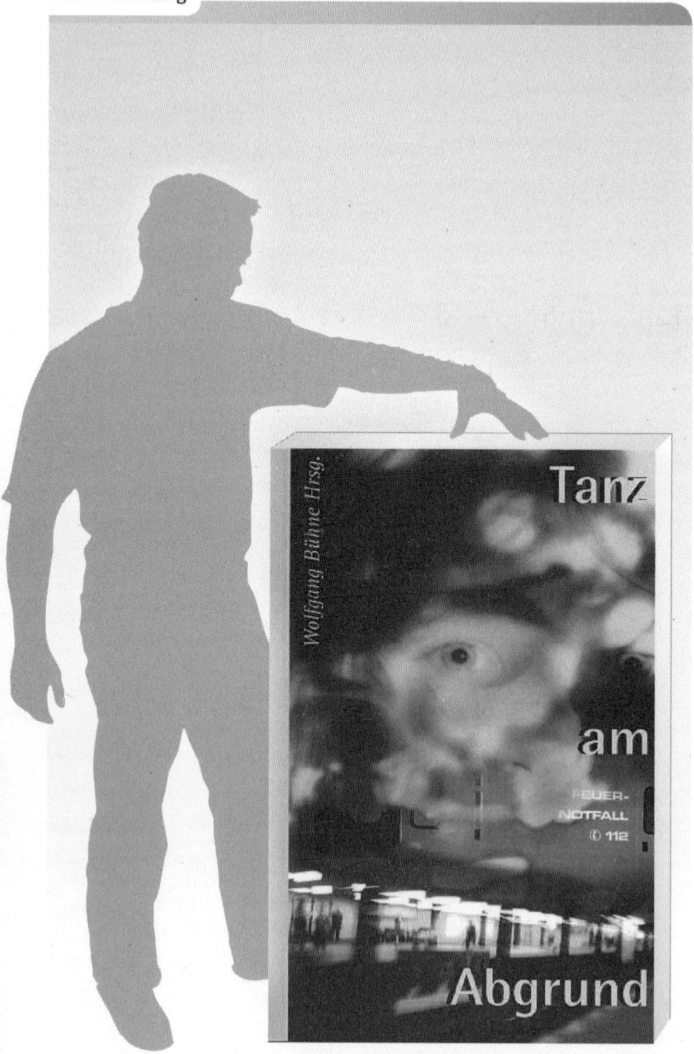
Wolfgang Bühne Hrsg.
Tanz
am
FEUER-
NOTFALL
112
Abgrund

Wolfgang Bühne
Tanz am Abgrund
128 Seiten, Taschenbuch
ISBN: 978-3-89397-470-2

Fünf Menschen stehen vor der Frage: »Bin ich geboren, um zu sterben?«

Peter – ein ganz normaler Donnerstag, doch der Fehlschuss eines Kollegen auf eine menschliche Zielscheibe verändert sein Leben für immer ...

Michael – ein Schrei nach Liebe, der in die Finsternis führt und fast in der Verzweiflung endet ...

Eva – ein Leben zum Kotzen – trotz der tiefen Sehnsucht nach Wärme und Geborgenheit einer Familie ...

Walter – der Armut entronnen – im Besitz von Macht, Geld und Frauen, und doch weit entfernt vom Glück ...

Michael – die Faszination der Gewalt und das bittere Ende, als ein Hooligan sein wahres Gesicht erkennt ...

Doch sie alle finden am Ende das wirkliche Leben.

Wolfgang Bühne Hrsg.
Zum Dasein verflucht?
Zeugnisse der Hoffnung

Wolfgang Bühne
Zum Dasein verflucht?
128 Seiten, Taschenbuch
ISBN: 978-3-89397-137-4

Restlos enttäuscht von den leeren Versprechungen der Ideologien und religiösen Gurus, bezeugen junge Menschen, wie sie zu Jesus Christus gefunden haben:

Dieter war ein hoffnungsloser Fixer, der auf der Intensivstation begann, über sein Leben nachzudenken.

Ali war islamischer Priester, landete aber in Deutschland im Knast.

Gertrud geriet durch eine Abtreibung in eine schwere Lebenskrise.

Michael musste in Indien auf der Suche nach »Erleuchtung« eine schwere Enttäuschung erfahren.

Uwe Martin versuchte als sozialistischer Agitator der »Anarchoszene« die »Verdammten dieser Erde« zu befreien.

Wolfgang Bühne
Wenn
Gott
wirklich
wäre ...

Wolfgang Bühne
Wenn Gott wirklich wäre …
128 Seiten, Taschenbuch
ISBN: 978-3-89397-755-0

Was wäre für Sie das größte Unglück? Krebs? Börsenkrach? Verlust der Arbeitsstelle? Den Rest des Lebens im Rollstuhl verbringen zu müssen? Abstieg von Bayern München in die zweite Bundesliga?

Der Sohn eines bekannten Verlegers sollte letztens diese Frage im Magazin FAZ beantworten. Seine Antwort war unerwartet, kurz und verblüffend: »Wenn es Gott gäbe!«

Doch wäre das wirklich das größtmögliche Unglück – muss der Gedanke an die Realität Gottes nur Bestürzung auslösen? Oder bedeutet Realität der Existenz Gottes, dass es eindeutige, vernünftige und befriedigende Antworten auf die tiefsten Fragen und Probleme unseres Lebens und bedingungslose Liebe gibt?